听！国宝在说话

盛世气象

鲸鱼座◎编著
子鵺坊◎绘

U1004187

童趣出版有限公司编　人民邮电出版社出版
北　京

图书在版编目（CIP）数据

听！国宝在说话. 盛世气象 / 鲸鱼座编著 ; 子鵺坊绘 ; 童趣出版有限公司编. -- 北京 : 人民邮电出版社, 2022.9
ISBN 978-7-115-58241-6

Ⅰ. ①听… Ⅱ. ①鲸… ②子… ③童… Ⅲ. ①中国历史—唐宋时期—少儿读物 Ⅳ. ①K209

中国版本图书馆CIP数据核字(2021)第258091号

责任编辑：王敬栋
责任印制：李晓敏
封面设计：韩木华
排版制作：罗筱筱

编　　：童趣出版有限公司
出　　版：人民邮电出版社
地　　址：北京市丰台区成寿寺路 11 号邮电出版大厦（100164）
网　　址：www.childrenfun.com.cn

读者热线：010-81054177
经销电话：010-81054120

印　　刷：北京华联印刷有限公司
开　　本：710 × 1000 1/16
印　　张：12.5
字　　数：160 千字
版　　次：2022 年 9 月第 1 版 2024 年 11 月第 2 次印刷
书　　号：ISBN 978-7-115-58241-6
定　　价：58.00 元

丛书编委会

序

站在贺兰山下，著名作家冯骥才先生曾发出“岁月失语，惟石能言”的感慨。这里的“石”指的是文化遗产，“言”则是叙说。作家这句话大概是说，时光荏苒，岁月无声，唯有文化遗产才能为我们讲述曾经那一幕幕鲜活的历史。

文化遗产涵盖的范围很广，其中以物质形态存在的部分，我们习惯上称之为文物。尽管几乎每一件文物都经历了成百上千年，但如今，它们出现在我们眼前时，不仅代表了某段历史的存在，而且承载着历史故事，代表了历史生命周期延续至今，所以才有人说：“热爱历史的人，是最现代的。”

文物还承载着大量历史、艺术、科学和文化信息，而这些信息不仅反映那个时代人们的审美情趣、社会风尚和技术水平，而且经常启发并鼓励我们进行新的创造，所以才有人说：“博物馆是新的文化创造的催化剂。”

“听！国宝在说话”这套书，就为读者精心挑选出一些具有代表性的文物，使人们了解它们背后充满生命气息的故事，启发人们从祖先留给我们的文化财富中汲取智慧的营养，去创造我们今天更加美好的生活。

如书中讲述的良渚文化玉琮的故事就是这样展开的：5000多年以前，我们的祖先过着怎样的生活？为什么要制作那么复杂的玉器？良渚文化玉琮又是如何制作的？体现了祖先在哪些方面的智慧？反映了当时怎样的精神信仰？今天的人们如何延续并改进这种传承数千年的技艺？我们的现代文明，不正是在类似于这些原始的智慧上一点点升级、实验，并且改造、积淀而成的吗？

从根本上讲，文物之所以能“言”，是因为它们承载的是历史记忆与传统文化。时光流逝，我们永远无法重返曾经的年代，但通过这些文物，我们的眼前仿佛呈现出那时鲜活的生活画卷和我们勤劳智慧的先民的形象。其实这些文物一直在对我们讲述着“我们是谁？我们从哪里来？”，启发我们思考“我们将向哪里去？”。伴随着它们的声音，我们也成为连接昨天、今天和未来的“文物”。

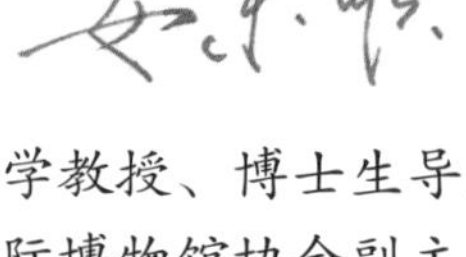

上海大学教授、博士生导师
国际博物馆协会副主席
2021年9月于上海

自序：那些文物所亲历的迷人历史

文物不仅仅是藏在博物馆里的冷冰冰的物件，也是人类悲欢的亲历者。我们了解文物的历史，其实就是经历传承文明的过程。换个角度来说，当你看完一篇文物故事，其实就已经和文物融为一体，成为历史的一环。

在读过一些用文物来讲历史的书后，我惊叹于从石器到太阳能充电器的人类200万年文明史，感动于来自一座7世纪英国墓葬中的头盔的故事，折服于主创团队在讲述失败者故事时传递的温暖和对待不同文明的谦卑态度……

这些阅读经历对于“听！国宝在说话”这套书的立项及创作都有很大的影响。从一开始，我们就确定好它不应该是说教或者结论性的知识输出，最好是由无数个细节诉说的迷人故事；它也不应当带有偏见和狭隘的主观意识，那些寻常物件也是历史的真

实构成，是今天的我们仍可以感知和触摸的记忆。

真实的历史，往往来自“亲历者”。那么谁是“亲历者”呢？是一手的历史记录吗？是代代相传的当事人回忆吗？还是“历史的想象”与“构造的历史”？可能都不尽然，相比之下，那些一直在场的物件才更有发言权。2300多年前的商鞅方升，记录了商鞅的指令，百年后又刻上了秦始皇的政令，在它身上，商鞅和秦始皇展开了一次浪漫的时空对话，它见证了大秦帝国的崛起；半个手掌大小的皇后之玺，与大汉朝的吕后朝夕相伴，时光剪影中残留着吕后的杀伐决断；还有虞弘墓石椁，是北朝时期外交官虞弘的安息之所，上面刻画的图案是他一生的见闻，饱含他心底那一抹浓厚的乡愁……

“亲历者”会如何来讲故事呢？我们认为，在娓娓道来自身经历的同时，还应该映射当时的时代，这样才能帮助我们更好地理解它的经历。我们将每个文物故事分成了“毛遂自荐”“星汉灿烂”“风流人物”和“余音绕梁”4个部分。从“亲历者”的自我介绍、时代背景、人物见证以及辗转至今的轨迹来讲述，希

望将它和它的时代，更丰满地呈现在青少年读者面前。

整套书参照了《中国考古学》《中华文明史》等资料，将中华文明看作一个整体，以80件文物讲述中国历史演进的几个重要阶段，对应整套书的4个分册：《先秦神器》《崛起之路》《盛世气象》和《走向世界》。文物的选取则都是国家级文物，力图反映中国历史上一些节点性的大事件或者影响较为深远的事件，这决定了它必然会映射那些改变历史进程的大人物，也决定了文物往往具有特别珍贵的历史、艺术等价值。

在讲述这些故事时，那没有姓名的芸芸众生，那些主流之外的边缘，也同样是我们珍视的“国宝”。因为有他们，我们在回首历史时，才能感受到充满感情的细腻片段。所以你会在书中看到一个叫作“小宋”的人，他有自己的小骄傲，完成作品后署上自己的姓氏。从他的这件得意之作中，我们可以品味他惊人的创造力。还有那件良渚玉琮，来自遥远的史前社会，看着它，似乎

都能想象到匠人日复一日地重复着这项工作。

这些就是我们想要探究的，也是书名的由来，我们希望你换个视角——听！国宝在说话。

特别感谢出版社的编辑老师，一遍又一遍地帮助我们在保留专业知识之余，把故事说得更温暖。还要特别感谢吴振鹏老师在这套书确立体例过程中的付出，以及对图书的无私推荐。感谢我多年好友，也是工作中的默契搭档王征导演给予的倾力支持，以及中国教育电视台的王越先生在图书出版事务性工作上的热情协助。

在这套书的编写过程中，我们尽可能地还原历史现场、丰满故事羽翼，但写作都有一定的主观性，不足之处还请读者朋友们多多指正。我们希望这样一套书，能够打开青少年了解文物的窗口，使青少年浸润在中华五千多年文明史长河中，感受辉煌历史，体会中华民族的伟大复兴。

鲸鱼座　王悦婧

2021年9月

目录

嵌珍珠宝石金项链

现居地
中国国家博物馆

外形特征
璀璨夺目，镶嵌着珍珠宝石

属性
金、宝石

个性签名
充满异域风情

毛遂自荐

作为常见的女性饰品，项链有金、银、珍珠等多种不同材质，款式成千上万。如果要从琳琅满目的项链之中挑选出最精美、最贵重的一条，不瞒你说，很多见过我的人都会投我一票。

我是一条来自1400多年前的项链，制作我的工匠在我金灿灿的身体上镶嵌了鸡血石、青金石，以及100多颗珍珠。这些都是上等的材料，其中用到我身上的一块长达3.1厘米的青金石，极为罕见。由此可见，我的精美与贵重程度无与伦比。

将我制作出来可不是一件容易的事情，不仅需要耗费很多黄金和名贵的珠宝，还需要技艺超群的工匠。你看，工匠们用黄金加工出28颗直径约为1厘米的链珠，在每颗链珠上镶嵌珍珠，然后用多股金丝制成金链子，过程极其烦琐，每一步都需要工匠有十足的耐心才能做好。

人们除了对我雍容华贵的形态印象深刻之外，还总会津津乐道我的“洋气”，说我散发着独特的气质，充满了异域风情。

的确如此，我与同时期中原地区的项链小伙伴们不一样。先从我的造型来看，我的全身上下镶满了珍珠与宝石，带有两条小尾巴似的珠链，这种样式在当时的印度等地很常见。再说我身上镶嵌的宝石，很多也不是产自中国。最后从制作工艺上来说，在链珠上焊接小金环，然后在金环上镶嵌珍珠，这可是典型的西亚地区的工艺。

那么，充满异域风情的我的主人是谁？我又是怎么出现在1400多年前的中国隋朝的呢？这就要从我生活的时代和我的主人讲起……

星汉灿烂

我生活的隋朝虽然是一个短暂的王朝，仅仅不到40年就被唐朝取代了，但它的出现和存在意义重大：它结束了魏晋南北朝数百年分裂动荡的局面，使中原大地再一次安定下来。

隋朝的开国君主——隋文帝杨坚是一位贤明的皇帝，在他的治理下，国家进入了盛世，成为当时世界上最繁荣的国家之一。隋朝还注重与世界的联系，不仅发展与他国的贸易往来，还与多国建立外交关系。那时，很多国家都派出使节到隋朝，可谓“万国来朝”。

第二位君主隋炀帝继位的第二年，来自远方的使节，带来了一批他们国家制作的金银珠宝，十分新奇好看。特别是当使节将我拿出来时，立刻吸引了在场所有人的目光。隋炀帝很是高兴，当即将我收下，并加倍回赠了礼物，让他国领略了大隋的风采。

珍爱我的隋炀帝并没有将我私藏起来，而是把我作为礼物送给了他敬重的姐姐，也就是前朝北周的皇太后——杨丽华。杨太后收到弟弟送给自己的礼物后，一直小心爱护着。杨太后心中早已盘算好，等自己最疼爱的外孙女长大了，就把我当作嫁妆送给她。可是天不遂人愿，杨太后的外孙女在9岁时就不幸离世了，杨太后的这一美好愿望变成了终生遗憾。

风流人物

这位让杨太后如此宠爱、珍视的外孙女，名叫李静训，也就是我最后的主人。李静训可以说集万千宠爱于一身，她出身高贵、家世显赫，曾祖父和祖父都是战功赫赫的大将军，母亲是杨太后的独生女。据说，皇帝为她的母亲选驸马时，曾有数百人参选，成为轰动一时的话题。最后，隋文帝收养的多才多艺、仪表堂堂的李敏脱颖而出，成为驸马。这对新人成婚后的第二年，李静训就出生了。杨太后非常喜欢她，将她养在宫中，寸步不离地照顾着，看作心头肉一般。

李静训9岁那年，长安城的夏天异常炎热，城中不少人因感染疾病而离世。娇生惯养的李静训受不了如此炎热的天气，终日无精打采，茶不思、饭不想。看到这种情况，杨太后十分焦急，便请求隋炀帝，希望他能准许自己带着李静训出宫避暑。按理来说，杨太后作为前朝的皇太后不得擅自离开皇宫，但隋炀帝特别恩准了杨太后出宫避暑的请求。然而，令人惋惜的是，李静训在这次出行中感染疾病，不幸离世了。

面对李静训的突然离世，杨太后陷入了深深的自责中。可是斯人已逝，已是无力回天。杨太后悲痛万分，希望自己心爱的外孙女入土为安。虽然李静训生

前并无封号，但杨太后为她举办的葬礼规格超乎寻常，随葬品精美丰厚。痛失外孙女的杨太后将李静训厚葬在自己常去的皇家寺院内，也将自己最心爱的宝石项链佩戴在李静训的脖子上。这一切，都寄托着杨太后对外孙女的无尽哀思……

余音绕梁

在中国考古发现的项链可谓屡见不鲜，从史前到明清时期的都有出土。在山顶洞人的遗物中，考古学家就发现了形似项圈的装饰物。尽管这些装饰物看起来奇形怪状，但它们已经算得上是项链的原始形态了，可以说是迄今中国发现的最早的项链。

到了现代，项链的材质和款式也变得更加丰富多样起来，受到人们的热烈追捧。李静训墓出土的这件镶嵌珠宝的黄金项链，有一种不被时空限制的美。无论是在遥远的古代，还是在新事物不断涌现的现代，这条项链的美都令人过目不忘。同时，它作为异域的珍宝，从万里之外被带到中国，见证了东西方的文化交流。

萧后冠

现居地

扬州市文物考古研究所

外形特征

花团锦簇，大约半个篮球大小

属性

铜鎏金

个性签名

钿钗繁花，母仪天下

毛遂自荐

人们常常能在影视作品中看到，皇后出席大典或祭祀等重要场合时会身穿隆重的礼服，头戴华美的礼冠。在古代，后冠是只有皇后才能佩戴的礼冠。但很遗憾，现存的后冠实物寥寥无几。我是迄今发现的年代最早、等级最高的后冠。

过去，人们只能根据史书上记载的零散文字对我的面貌进行遐想，我的出土使人们真正有机会一睹隋唐时期后冠的风采。其实，我刚出土时可以说是“蓬头垢面”，金光灿灿、珠光宝气这些词语和我毫无关联。为了让人们能一睹我的真实风采，文物修复专家对我进行了复原和仿制，这才有了今天人们看到的我的样子。

专家经过研究发现，用来制作我的材料至少有10种，工艺就更加复杂了。更为神奇的是，当专家对我进行体检时，发现为了让钗首和钗脚插得更加紧密，制作我的工匠在连接处用棉花进行了填充、加固。这也就说明，早在隋唐时期中国的南方地区就已经使用棉花了。

我的身体结构十分复杂，各个部位在古代都有专门的称呼。比如，我的身体顶端那些像开满了花的小树的装饰物，叫作“花树”。它们呈花簇状排列在冠上，使我看起来酷似一簇百花盛开的大花丛。就连花树中的花梗、花瓣、花蕊等部位，都由心灵手巧的工匠惟妙惟肖地制作了出来。这些花树会随着佩戴者走动时身体的晃动而微微颤动，看起来活泼而灵动。

看完我的自我介绍后，你会不会产生这样的疑问：古代不是把皇后比喻为凤凰，将皇后佩戴的冠饰称为凤冠吗？为何你身上连凤的踪影都没有，只能看到花团锦簇的样子呢？

星汉灿烂

我生活在唐朝初期，那时凤还没有成为女性身份地位的象征。直到宋朝，后妃的礼服和首饰才开始用凤等元素来装饰。在此之前，都是选取自然界中一些常见的元素进行装饰，通常呈现的是枝繁叶茂、鸟语花香的吉祥场景。

古时候，不同身份等级的人穿的衣服、戴的帽子都是有严格规定的。为此，国家会让专门负责礼仪的部门颁布服饰穿戴规定，并且让大家严格遵守。

比如，举行大型典礼时，皇后戴的冠饰为“花十二树”，皇太子妃戴的冠饰为“花九树”，其他贵族女性按照自己的品级，冠饰上的花树数量依次递减：一品九树、二品八树、三品七树、四品六树、五品五树。花树不仅是礼冠的主要装饰物，也是当时贵族女性身份等级的象征。

但有意思的是，根据唐朝史书记载，后冠上的花树应该是12棵，而我竟然有13棵之多。这多出的1棵花树究竟是怎么一回事呢？这就要从我的主人那跌宕起伏的一生讲起。

风流人物

母仪天下

我的主人是历史上赫赫有名的萧皇后，也就是隋炀帝杨广的皇后。萧皇后虽然身形娇小、外表柔弱，但内心异常坚强和果断。这样的性格其实与她的童年经历有关。

萧氏出身于南北朝时期西梁政权的皇室，是西梁明帝之女。她作为公主本可享受荣华富贵，但因为出生于二月，按照当时的说法，二月出生的子女不吉，对父母不利，所以她出生后就由明帝的六弟东平王收养。可惜的是，东平王夫妇收养萧氏不满一年，便双双离世，萧氏又被送给她的舅父收养。舅父家境贫寒，萧氏虽贵为公主，也要操劳家务，辛苦度日，但这也培养了萧氏坚强、隐忍的性格。

转眼间，隋文帝夫妇的第二个儿子杨广到了成婚娶妻的年纪。为了巩固统治地位，隋文帝决定选一位西梁的公主联姻，但在占卜时发现，所有西梁公主的生辰八字都与杨广的不合。眼看这门亲事就要黄了，西梁皇族才想起来他们还有一位寄养在宫外的公主也到了适婚年龄，于是就把她的生辰八字拿来测，没想到和杨广的非常匹配。这位公主就是我的主人萧氏，她就这样戏剧性地成了王妃，随着杨广被封为太子、登基为帝，她也成了萧皇后。

身若浮萍

杨广继位后，越发地好大喜功。他先是标榜自己英勇善战，而后大兴土木，开凿大运河，导致国库空虚。

当时的江都（今江苏省扬州市）是全国最繁华的大都市之一，秀美的江南风景和载歌载舞的享乐生活，令隋炀帝流连忘返。大运河开通以后，他一次又一次地带着队伍浩浩荡荡地南下江都，花销巨大。

一天，隋炀帝和萧皇后在御花园里散步，看到园内盛开的花朵，隋炀帝想起了江都美丽的琼花，于是对萧皇后说："下个月，朕要再次乘船南下江都。"萧皇后听闻此言，脸上的笑容逐渐消失，也顾不得扫了隋炀帝兴致的后果，进谏道："陛下每次乘船南下江都，都耗费巨大，实乃劳民伤财之举，不是圣明君主会做的事。当今时期，陛下应该放下个人享乐，让民众得以休养生息。"果不其然，这番话引得隋炀帝龙颜大怒，他对萧皇后一顿训斥后便拂袖而去。

隋炀帝不顾劝阻，再次踏上了南下江都的花船，没想到这也成为他最后一次南下。隋炀帝的心腹将领宇文化及在江都起兵叛乱，并将隋炀帝杀害。

皇帝被杀，天下大乱，皇室的老弱妇孺开始四处逃命。这时，萧皇后站了出来，她担负起后宫之主的责任，带领众人寻求生路。

萧皇后随使到了突厥。贞观四年，唐太宗灭亡东突厥，迎萧皇后回京。开明的唐太宗认为，宽待前朝皇室人员能彰显自己的仁义，更何况萧皇后与李家渊源深厚。总之，出于多方面考虑，萧皇后得到了唐太宗的礼遇，这才结束了在外漂泊的日子。

时间转瞬即逝，萧皇后到了弥留之际，她希望自己死后能与丈夫长眠在一起。消息传到了唐太宗

的耳中，他既感慨，又十分犯难：这位前朝的皇后该遵循怎样的礼制下葬？又该用何封号呢？深思熟虑之后，唐太宗下诏，恢复萧皇后隋朝皇后的称号，并命人主持她的葬礼，将其与隋炀帝合葬。同时，赐予萧皇后一顶礼冠用来陪葬，还特别规定，用13棵花树这种高于当朝皇后12棵花树的礼制以表哀荣。于是，就有了我——这件高于当时皇后礼制的后冠。

余音绕梁

萧后冠刚出土时，腐蚀、变形严重，像一坨泥一样。专家经过多次研究讨论，决定将它整体提取到实验室，进行更为科学、精细的清理，最大限度地保留其原始面貌。

经过专家的辛苦努力，萧后冠的实验室考古工作终于完成了。为降低金冠的损坏程度，他们决定同比例制作一件仿制品用于展示。仿制品还原了萧后冠的原貌，让人们能够直观地感受千年前萧后冠的真实风采和考古工作“化腐朽为神奇”的力量。正可谓是，千年前，母仪天下，钿钗生辉金步摇；千年后，科学妙手，光华重现萧后冠。

昭陵六骏

现居地
西安碑林博物馆、美国宾夕法尼亚大学博物馆

外形特征
方方正正的大石板

属性
石

个性签名
我是功勋马儿的写真集

毛遂自荐

我的名字叫昭陵六骏，诞生于唐朝，本质上是一组浮雕石刻。什么是浮雕石刻呢？其实，浮雕石刻就是人们在石头的表面雕刻出各种图案的工艺，凹凸不平的图案能营造出一种立体感。因为唐太宗李世民十分钟爱随他浴血征战的6匹宝马，所以工匠们便将它们的形象雕刻在我的身上，并将我放置在他的陵寝——昭陵内。就这样，我便有了“昭陵六骏”的美称。

说起我的外貌，“高大”“宏伟”“精致”这些词语都不足以概括我的全部特征，我绝对称得上是古代雕塑界的“美男子”。我由6块大青石板构成，每块石板都有成年人那么高，上面各雕刻着一匹功名赫赫的“明星战马”。雕刻的手法既写实又夸张，如果你站在我的面前，一定会觉得骏马仿佛就在你的不远处，正向你飞奔而来。

骏马1号是特勤骠（biāo），它

是6匹骏马中最文质彬彬的。与正在奔跑的其他5匹骏马不同，它正优雅地练习着高抬腿动作，想努力当好“礼仪兵”。

骏马2号与骏马3号是青骓（zhuī）与什伐赤，在定格的画面中，虽然前方弓箭如暴雨一般密密麻麻地落下，但它们没有丝毫畏惧，依旧向前飞奔。它们绝对称得上大唐的忠勇“将士”。

骏马4号有着如女孩般柔美的名字——飒露紫，但它的性格其实十分刚毅。你瞧，身旁的将士正在为它拔箭，而它就像刮骨疗伤的关羽一样，坚强地忍着剧痛。

骏马5号拳毛䯄（guā）与骏马6号白蹄乌，更是相貌独特。拳毛䯄的皮毛似乎呈旋涡状；白蹄乌身上是纯黑的，马蹄却是雪白的，更衬得它威武不凡，这种黑白配放在今天仍是一种时尚潮流。

这6匹骏马已经迫不及待地要将自己的“奇遇记”讲给人们听了。

星汉灿烂

唐朝皇室出自陇西李氏，在唐朝建立之前，陇西李氏便已辉煌百年，家族中曾涌现出西汉飞将军李广、西凉开国君主李暠（hào）等威名赫赫的人物。北魏时期，陇西李氏就已经是顶级贵族。李世民的太爷爷李虎更是西魏时期受封的8位大将军之一，史称“八柱国”。李氏还与皇族联姻，使自己一跃成为皇亲国戚。

当然，权力越来越大的李氏一门也逐渐引起了当朝皇帝的猜忌。隋朝末年，各地纷纷起兵，爆发了声势浩大的反隋运动。李渊父子也趁机在太原起兵，经过艰苦奋战，改朝换代，建立了唐朝。但是，刚刚建立的唐朝根基不稳、国力空虚，仅仅占据了中国的一部分领土。李渊便派遣儿子李世民外出征战，这6匹骏马就是跟着李世民打下江山的大功臣。

唐朝统一全国后，又出现了新的矛盾。皇帝李渊年迈，大儿子李建成与二儿子李世民为了皇位争得你死我活。李建成认为：我是长子，按照传统，我应该当皇帝。弟弟李世民也不服气，他认为：我是开国大功臣，为了国家洒过血汗，而且我比大哥聪明能干，数不尽的人才效忠于我，皇帝应该让我当。于是，兄弟二人展开了激烈的皇位斗争。最终，李世民在玄武门杀死了他的哥哥李建成，部将尉迟恭杀死了弟弟李元吉，李世民继承皇位。这次政变被人们称为“玄武门之变”，李世民也被后人称为“唐太宗”。

风流人物

若要盘点中国历史上有作为的帝王，唐太宗李世民绝对名列其中。虽然他曾陷入宫廷争斗的旋涡中，但不可否认的是他的能力非常强，确实是一位千古名君。

李世民继位之初便暗下决心，要让大唐变成强大的国家。他极其注重官吏的作风和治绩，命令房玄龄将不作为的官员辞退，派遣李靖等人巡察全国。他甚至将地方官员的功过写在宫内的屏风上，时时查看，作为官职升降的依据。

李世民同样注重自我反省，善于听取别人的意见，重用有才能的人。他不计前嫌，起用李建成的部下魏徵（zhēng），并委以重任，对其信任有加，由此可见李世民的心胸和气度。在他的努力下，百官

基本廉洁自省，社会生产秩序也逐渐得以恢复。

李世民是在马背上得的天下，据说他早年打天下时，不是躲在军队后面指挥，而是经常亲率精骑冲击敌方战阵。当他开始守天下时，征战也没有停止。他结束了唐朝与周围其他国家的战争，使百姓得以安居乐业。不少异族人来到唐朝经商、做官，成为大唐的一分子。

李世民是一个重情义的人，他与长孙皇后相濡以沫，感情至深。他的开国功臣们也大多得以善终。他自然也忘不了战马为大唐功业所立下的功劳。早年，李世民的战马死亡率特别高，甚至一场战役需要换几匹宝马，以确保他能持续冲锋陷阵。他没有忘记这些陪他出生入死的战马，一直将它们牢记在心。

你可能也发现了，这6匹骏马的名字有点儿拗口，那是因为它们都是从西域精心挑选出来的，李世民亲自为它们取的名字。比如，其中的骏马1号特勤骠，“特勤”其实是突厥汗国的一个高级官职，只有可汗的子孙才能担任，地位非常高，这种马的品种也非常罕见。唐太宗给这匹坐骑冠以特勤骠的名字，不仅是赞扬它的优良血统，更重要的是纪念和彰显自己的辉煌战绩。

长孙皇后因病去世后，悲伤过度的李世民下令修建昭陵。他将自己喜欢的东西都复制到陵墓，希望之后能同长孙皇后一起安眠于此，与妻子分享他的一切，这自然包括他心爱的战马。

余音绕梁

六骏在昭陵陪伴李世民夫妇已经有上千个年头了，日子过得宁静安逸。到了近代，文物商人与军阀勾结，盗取了飒露紫和拳毛騧，它们几经辗转，现藏于美国宾夕法尼亚大学博物馆。另外四骏后来也惨遭盗窃，但幸运的是，四骏被运至西安北郊草滩时被爱国人士截获

了，后被移交到了现在的西安碑林博物馆。

如今，六骏中的两骏虽已远离家乡一个世纪之久，但它们的命运时刻牵动着国人的心。2010年，中国专家受邀至美国参与修复飒露紫和拳毛䯄，中美双方的文物修复专家共同来修复中国唐朝的传世文物，此举意义非凡。我们期待六骏能早日团圆，向世人展示大唐的风采。

三藏圣教序碑

现居地

西安碑林博物馆

外形特征

螭首方座，差不多有一层住宅楼那么高

属性

石

个性签名

由各界名人“联袂”打造

毛遂自荐

古人常常将书法作品刻在石碑上，纵使千年时光流转，字迹依然可辨，正所谓“竹帛难存，金石永固”。在西安碑林博物馆收藏的历代碑刻、墓志等石刻中，我是最亮眼的那颗星，因为我是由李世民、玄奘、王羲之等人联袂打造的超级国宝。我的故事简单来说，就是玄奘从天竺取经回来，唐太宗李世民给他写了一封表扬信，而后由一位叫怀仁的和尚花了20年的时间，根据内容收集王羲之的字雕刻而成。

看到这里你是不是有点儿疑惑：李世民为什么要给玄奘写表扬信？“书圣”王羲之是东晋人，早就逝世了，他怎么还能为这封表扬信写字、刻碑？再有，一方石碑而已，为什么会花20年的时间去雕刻？

这一连串的问题，就让我来为你一一解答吧！

先来说说为何会有表扬信。玄奘，也就是人们所熟知的《西游记》中唐僧的原型。他历经千辛万苦，从天竺学法归来，并带回了许多佛经。回国后，玄奘在都城长安翻译佛经，他请求皇帝为经文作序。李世民欣然应诺，亲自为玄奘所译的《瑜伽师地论》作序，并让太子，也就是后来的唐高宗李治作记。玄奘也非常有礼貌地分别给李世民和李治二人写了回信。碑文上面一共刻了10部分文字，其中包括唐太宗李世民写的序、太子李治写的记、玄奘给二人的回信，以及《般若波罗蜜多心经》的经文等。

那么，皇帝、太子和玄奘三位身份尊贵的人亲自撰写的内容，该用哪位书法家的字体书写呢？是已经名动天下的褚遂良的字体，还是初出茅庐的颜真卿的字体？负责刻碑工作的怀仁最终选择了“书圣”王羲之的字体。

当时，怀仁以行草书法闻名于世，李世民本想让他来书写，但怀仁觉得自己的书法不堪此任，唯有东晋书法家王羲之的字才配得上。虽然王羲之已经过世许久了，但是他留下的墨迹还可以加以利用，可以通过先勾勒轮廓再填墨的方法，集合成想要的字。

这件事情说起来容易，做起来却是千辛万苦。怀仁先向皇家借来收藏的王羲之真迹，的从里面精挑细选出合适的字。有的字找不到，就在民间贴榜征集，花重金求购，一字换一金。据说，当时一共花了千两黄金，所以我也被称为“千金帖”。有一些字实在找不到，最后只能选择用拆字重新组合的方式解决。

也正因如此，雕刻我这方只有1904字的石碑，怀仁竟花了20年的时间。终于，公元673年，我正式刻成，立于长安大慈恩寺内。然而，此时玄奘和李世民都已不在人世了。

大雁塔

大雁塔位于大慈恩寺内，又名“慈恩寺塔”，由玄奘法师设计并指导施工，最初是为了保存他由天竺带回长安的经卷、佛像而修建的。

星汉灿烂

李世民是一个书法迷，他不仅自己喜好书法，而且倡导人们学习书法。唐朝的官职中就设立了“书学博士”，专门掌管教授书法等事宜。朝廷在通过科举考试选拔人才的时候，也会特别重视考生的字写得漂不漂亮。史书上记载，李世民曾召集都城内五品以上的官员，以及世家子弟共同学习书法。他还很慷慨地将宫中珍藏的各种书法作品拿出来供大家学习和研究，颇有几分与志趣相投之人分享美好的意思。

他最喜爱的就是东晋书法家王羲之的字。

据说，有一次他在群臣面前用楷书、草书于屏风之上书写，笔力遒劲，为一时之绝。还有一次，他在宫中宴请三品以上官员，可能当时喝得很尽兴，他又拿起笔来挥毫泼墨。皇帝的墨宝，官员们自然都想要。这个时候也顾不上太多的君臣礼仪，官员们纷纷趁着酒劲儿到李世民手里抢夺他刚刚写好的作品，抢到了便如获至宝一般。

风流人物

说完了唐朝的书法之盛，再回到刻我的起源上，这就要说到玄奘了。玄奘是唐朝佛教高僧中一位杰出的代表，也被人们尊称为“三藏法师”，喜欢看《西游记》的朋友们可能不会对这个称呼感到陌生。其实，“三藏”是佛教经典的总称，即“经藏”“律藏”和“论藏”。

玄奘13岁时，到洛阳净土寺剃度为僧。17岁起，他游历各地，访求国内名师。在游历的过程中，他深感对于佛经教义的解释，人们莫衷一是，便下定决心赴佛教的发源地天竺去求取真经。

与《西游记》中唐僧以“御弟”的身份出行，并在孙悟空等徒弟的护送下一路西去不同的是，历史上真实的玄奘虽然曾向朝廷奏请去西方求法，但并未得到李世民的允许。后来，朝廷因饥荒问题允许百姓自行求生，玄奘便从长安出发前往天竺。但与《西游记》中的情节相同的是，他一路上确实经历了数不清的磨难，可谓九死一生。

玄奘在西行穿越沙漠时，就差点儿丧命。茫茫戈壁，黄沙四起，

没有向导，又遭遇沙暴，玄奘绝望地在沙漠里跋涉。他想起自己曾经立下的誓言，就又坚定地往前走。可能是这份坚毅打动了上天，最终在赤瘦老马的引领下，玄奘找到了水源地。休整一日后，他终于走出了“上无飞鸟，下无走兽，复无水草”的大沙漠。这一路上，玄奘经历了各种艰险。到了天竺之后，他遍访高僧，学习最高深的佛法。

终于，玄奘携带数百部佛经回到了长安。他的东归引起了极大的轰动，连李世民也对他礼遇有加，让他在国都长安

的大慈恩寺翻译佛经，于是，就有了我身上所刻的内容。为了将这一段佳话昭示天下，让其永存于世，玄奘开始筹备将其刻于碑石之上。

余音绕梁

这方碑刻留存至今，不仅将这段历史记录并流传下来，还将“书圣”王羲之真迹中的精华摹刻保留了下来。时至今日，已经找不到王羲之的墨宝真迹了，各大博物馆中收藏的都是其他书法家临摹的版本，而这方三藏圣教序碑可以称作“国之重宝”。

怀仁和尚对书法的深厚造诣和严谨态度，使得三藏圣教序碑上的字迹错落有致、气韵生动，充分体现了王羲之书法的特点和韵味。欢迎你来西安碑林博物馆，一睹这方“旷世名碑”的风采。

三彩釉陶骆驼载乐俑

现居地
中国国家博物馆

外形特征
色彩鲜艳，将舞台设置在骆驼背上

属性
陶

个性签名
乐队的巡回演出开始啦

毛遂自荐

我是一件来自大唐盛世的唐三彩，塑造的是一头骆驼载着一支乐队表演节目的场景，因此人们称我为“三彩釉陶骆驼载乐俑”。在我生活的大唐盛世，有很多外来的胡人靠表演节目为生。他们聚集在都城长安，一时间，长安的街头巷尾出现了上百种节目，号称“长安百戏”。“骆驼载乐”就是当时非常流行的一种节目，看过的人无不为之拍手赞叹。

首先，它的表演形式让人感到十分神奇：竟然在一头骆驼的背上搭建出一个舞台，上面还载着多名演员。由此可见，这头骆驼不仅需要有超强的载重能力，还得十分温驯，能配合人们演出。骆驼背上的几名演员分工合作，只见舞台中央站有一人，他在深情地吟唱；舞台四周各围坐一人，他们手拿乐器在伴奏。你看，这个搭配像不像现在的乐队：站在舞台中央的是主唱，旁边的是各司其职的乐手。

其次，它的表演内容是当时长安最流行的音乐——胡部新声。这种音乐形式在当时非常受欢迎，每到演出的时候，街上都是人山人海。有一次，制作我的工匠有幸观看了骆驼载乐表演，他被这种表演形式深深地吸引了，便采用当时最流行的唐三彩制陶技法制作了我。

那么，“唐三彩”又为何物呢？事实上，唐三彩是唐朝一种很独特的低温釉陶工艺，通常有黄、白、绿三色，因而人们习惯将其称为唐三彩。实际上，唐三彩的颜色并非只有

三种，你看我的身上就有黄、绿、黑、红等多种颜色，搭配起来色彩绚丽。绝大多数的唐三彩用于陪葬，较少用于日常生活，当时的厚葬风气也推动了唐三彩的发展，使唐三彩的成就达到了巅峰。

我头上的光环也不少，代表了唐三彩的最高水平，被誉为唐三彩陶俑中的“压轴之作”。可以说，我既是唐朝文化艺术、制作工艺发达昌盛的重要物证，又是丝绸之路上文化交流与融合的重要见证。

星汉灿烂

唐朝是中国古代社会的鼎盛时期，丝绸之路连通了东西方。当时，各国纷纷派遣使节来唐，“万国来朝岁，千年觐圣君”是唐朝对外关系的真实写照。这些来自西域各国或更远地方的人，被唐朝统称为“胡人”，他们遍布各个阶层，从事各种职业，实实在在地融入了长安百姓的日常生活。其中，大量胡人发挥自身能歌善舞的本领，从事着奏乐、跳舞、演唱、耍杂技等活动，为长安的精神生活注入了新鲜血液，带来了新气象。他们的到来也为中原大地带来了别样的异域风情，形成了“胡汉交融”的景象，不仅丰富了当时人们的生活，也推动了多元一体的文化发展。

风流人物

我的主人名叫鲜于庭诲（huì），虽然史书中并没有他的相关记载，但他的墓志铭为后人了解他辉煌的一生提供了重要物证。鲜于庭诲的家族早在北朝晚期就已经跻身于统治阶层了，而鲜于庭诲起家于

“右卫翊府队正长”，也就是管理着几十人的小队长，这只能算是一个很低的官职。但主人骁勇善战、屡立战功，最后荣升为掌管兵符的将军，深得唐玄宗李隆基的信任。

在主人辉煌的一生中，有一件事情不得不提，那就是跟随唐玄宗参与平定“韦后之乱”。武则天去世后，唐中宗复位，他和韦皇后有个女儿叫安乐公主。韦皇后与安乐公主这对母女没有武则天的治国本领，却有着和武则天一样的野心，行为越来越嚣张。据说，有一次安乐公主曾特意去找唐中宗，请求废掉皇太子李重俊，立自己为皇太女，将来好继承皇位。这让李重俊按捺不住了，便起兵发动叛乱。但叛乱很快就被镇压下去了，李重俊也

不幸被杀。此后，韦皇后和安乐公主更加肆无忌惮，最后将矛头对准了皇帝。有传闻说，她们母女二人竟然联手，用一张有毒的饼害死了唐中宗。就在她们以为即将大功告成之时，皇室子弟李隆基发起兵变，杀死了韦皇后和安乐公主，以及她们的大批亲信，结束了“韦后之乱”。

几年后，李隆基登上皇位成为唐玄宗。因为我的主人为大唐做出的卓越贡献，主人逝去后的墓葬规格非常高，陪葬了大批唐三彩陶俑，我就是其中一件。

余音绕梁

后来，鲜于庭诲的墓葬被人们发现了，虽然墓葬曾遭盗掘、破坏，但除了发掘出一方墓志外，仍出土了包括骑马俑、武士俑等在内的120余件陶俑，它们代表了唐三彩陶俑的最高水平。

三彩釉陶骆驼载乐俑刚出土时，世界上只有一件骆驼载乐的陶俑。两年后，在另一座唐墓中又出土了一批唐三彩，其中也有一件骆驼载乐陶俑。它的体形虽然比我稍小一些，但所载的舞乐俑多达8人，不仅阵容庞大，而且乐器齐全。毫不夸张地说，它们代表了唐三彩釉陶的最高工艺，是唐三彩的巅峰之作。

驼铃悠悠，丝路漫漫，一曲唱尽千年事。想听长安城内巡回乐团演奏的音乐吗？欢迎来中国国家博物馆，看看三彩釉陶骆驼载乐俑。

武则天金简

现居地

河南博物院

外形特征

亮闪闪的金片

属性

金

个性签名

一件属于女皇武则天的可移动文物

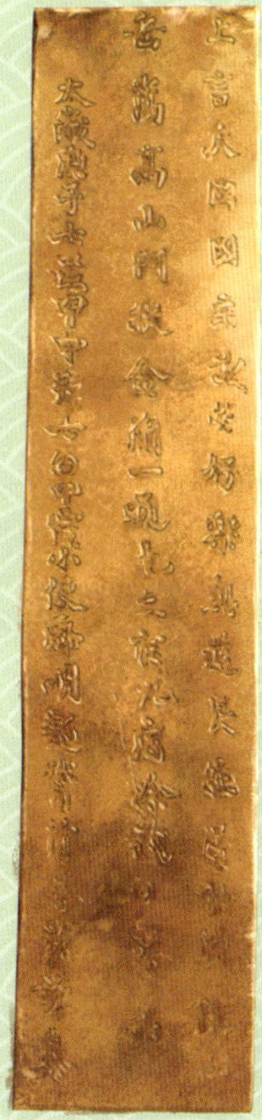

毛遂自荐

大家好，我叫武则天金简，也叫武曌（zhào）金简。“曌”是女皇武则天为自己造的字，寓意日月凌空、普照大地；“简”则是一种用来记录文字的载体。那么，这枚金简上到底记录了什么呢？

金简上的铭文大意是这样的：大周皇帝武则天喜欢道家仙术，相信人可以长生不老，今天到了中岳嵩山的仙门前，投一枚金简，祈求各路神仙能把武则天的罪名都除掉。公元700年（武周久视元

年）的七月初七，胡超恭敬虔诚地奉上这枚金简。

人们不难从铭文大意看出投金简的目的是帮助武则天“除罪”，那么，武则天到底想要除什么罪呢？让我为你慢慢道来。

星汉灿烂

一切要从武则天攀登权力顶峰之路说起，这一路，可谓荆棘密布，险象环生。武则天出身于一个显贵的官宦世家，父亲看她聪慧伶俐，便开始教她读书写字。但是，父亲去世后，她和母亲经常被人欺负。

于是，她们离开家乡，来到了长安生活。武则天14岁那年被唐太宗李世民征召入宫，由于她既年轻貌美，又会读书写字，很快就被封为五品才人，赐号“媚娘”。

虽然武则天的起点不低，但此后的一段时间，她的发展好像陷入了停滞状态，地位始终没有得到提升。她在宫里一待就是12年，直到李世民离世，也未能得到他的宠爱。然而，她与李世民的儿子，也就是后来的唐高宗李治有了感情。

当时，唐朝有一个规定：皇帝离世后，没有子嗣的嫔妃要到长安的感业寺出家为尼。因此，武则天遵照此规去了感业寺。一年后，李治到感业寺进香，在这里与武则天重逢了。武则天也终于迎来了人生的重大转机。当时，李治的后宫中有两个人的权势最大，一个是王皇后，另一个是萧淑妃，她们二人相互争斗已久。王皇后见李治很喜爱武则天，表面上建议李治将她带回宫中，实际上是想与武则天联手对付萧淑妃。其实，重返宫中的武则天早就树立了目标，那就是要当皇后。于是，武则天先是与王皇后联手打压了萧淑妃，然后寻找机会扳倒了王皇后。王皇后原本只想借武则天之手来打压萧淑妃，没想到武则天最后却成了她最大的敌人。

武则天有一个女儿叫安定思公主，长得非常可爱，就连王皇后也很喜欢她，经常去看望她。不幸的是，这位小公主出生后不久就夭折了。关于这件事情，不同的史书上有不同的记载。有记载说，武则天为了嫁祸给王皇后，亲手杀死了自己的女儿；也有记载说，武则天并没有杀害自己的孩子，只是借着女儿之死，上奏说是王皇后杀害的。关于这件事情的真相，如今难以考证。但是，通过这件事情的结果可以看出，武则天打压王皇后的目的确实达到了。

武则天回宫后的几年里，李治先后将萧淑妃与王皇后贬为庶民，囚禁在别院之中。但武则天认为，她们还是有翻身的可能性。所以在她升为皇后之后，就找了个理由将萧淑妃与王皇后二人杀害了。

作为皇后的武则天，对朝政有着浓厚的兴趣。她积极参政，与李治一起治理国家。李治去世后，她接连废黜了唐中宗李显、唐睿宗李旦，最后自己做了皇帝。

风流人物

当武则天76岁高龄时，她去嵩山游玩。结果刚到嵩山不久，她就得了一场重病。她让臣子去嵩山用道教的方法祈福，以求山神保佑她能快些康复。令她惊奇的是，几天之后，她的身体状况果然有所好转。从此之后，她开始痴迷于道教，每天吃着道士胡超进献的仙丹灵药。

武则天晚年经常做噩梦，身体也备受病痛的折磨。这一切，都让她生出一个想法——希望上天免除自己的罪恶。胡超看出了武则天的心思，于是建议武则天做一枚金简，将自己一生的错误与罪过写在这枚金简上，等待吉日，由他替武则天将此金简投到嵩山之上，告知各路神仙，祈求他们免除她的罪过。

武则天听到这个建议后，仿佛抓到了一根救命稻草，赶紧命令胡超监督制造金简。这枚金简既是祈福简，祈求武则天能身体健康，长命百岁；又是赎罪简，希望上天可以免除她所犯下的罪恶，以换取她的心安。

七月初七，是民间的七夕节，也叫乞巧节。按照胡超的说法，这一天是牛郎织女相会的日子，也是向天上星宿祈祷最灵验的日子。所以这一天，胡超带着制成的金简，在嵩山的最高峰上做法事。他代替武则天向上天赎罪，将写给各路神仙的金简投于嵩山。

但奇怪的是，关于这件事情，史书上没有留下一点儿记载。有专家认为，这可能是因为武则天作为皇帝，需要展现自己坚强的一面，不想让其他人看到自己脆弱、恐惧的一面，所以制造、投送金简这件事仅有胡超等几个亲信了解。随着这些人的陆续离世，这枚金简便带着武则天晚年的秘密永远深藏于山中了。

余音绕梁

千年时光转瞬即逝。1982年，一位叫屈西怀的农民正在嵩山游玩，无意之中在石头缝里发现了一枚金光闪闪的金属片。一开始，他以为这只是普通的金属片，拿起来一看，发现上面竟然有字。于是，他下山去村子里找识字的老师帮忙看看，老师看了后认为这是一件文物。

屈西怀得到文物的消息不胫而走。没过多久，就有几个非法倒卖文物者与他联系，表示愿意出价1000元购买此枚金简。当时，村里的干部一个月才赚几十元钱，1000元绝对是一笔巨款。闻讯找上门来的非法倒卖文物者越来越多，而且一直加价，最后甚至加到了10万元。

据说，其中一个人还咬破手指，立下血书，说除了这10万元之外，把金简卖掉之后还会给屈西怀分成。面对这些诱惑，屈西怀坐立不安，甚至睡觉的时候都是噩梦连连。于是，他便将这枚金简交给了当地的文化部门，而这枚金简便成了世界上少有的属于武则天的文物。

《宫女图》

现居地
陕西历史博物馆

外形特征
高度和一个成年男子的身高差不多

属性
壁画

个性签名
来自唐朝的“女子天团”

毛遂自荐

我是一幅来自唐朝永泰公主墓中的壁画，画面上共有9位唐朝的典雅女子。她们因为精致的装扮、婀娜的身姿，被誉为盛唐时期的“女子天团”。领头的宫女盘着高高的发髻，身穿长裙，神情高贵而矜持，余下的几位宫女则手持酒杯、蜡烛、团扇等物件紧随其后。

这几位宫女的装扮、姿态，甚至神情都不相同，各有各的风格。每个人物以正面、侧面等不同的姿势穿插于画中，使得画面层次分明又富有变化。比如，站在队伍靠前位置的那个身穿红色外衣的宫女，似乎十分害羞，只见她手托着方盘，微微抬头，只露出了神秘的侧影，让人满心期待她的回眸，好一睹其芳容。还有一位猛然一看以为是男孩，但其实是一位如假包换的女孩，这正是唐朝盛行女扮男装的真实反映。

虽然目前已经无从获悉绘制我的人是谁，但从流畅的笔墨勾线、丰富的色彩搭配来看，我应该出自一位技法娴熟的宫廷画工之手，我也因此被认为是唐朝墓室壁画的“杰出代表”。

以上是我的种种光鲜亮丽之处，但其实我的身世十分悲凉……

星汉灿烂

此时的大唐积极开展文化交流，广泛吸收世界各地的艺术精华。因此，后人在观赏唐朝的绘画作品时，常常能感受到一种开放和包容的态度。

唐朝是中国绘画史上具有划时代意义的时期，不仅绘画的形式和分类日趋丰富，而且各类画作风格也发生了重大转变。比如，画家对人物神态的把握更为准确，更加着力去表现人物的内在气质和端庄典雅的形象。

据史书记载，唐朝以前的绘画“人大于山，水不容泛”。意思就是说，唐朝之前的人物画，人画得比山还要大，水面很小，没有泛舟的空间。换句话说，就是人们对于比例关系的描绘不真实。一方面，是因为当时人们尚未掌握“透视”的绘制技法；另一方面，是因为以前绘画旨在教化民众，宣传功能大于美学价值，不需要着力去刻画人物。再加上人们的心理因素，会将皇帝等重要人物绘制得大一些，以示其重要性，所以就形成了这种不太写实的风格，画出“神”即可。

由于年代久远，唐朝的纸质绘画作品保存至今的十分稀少，但庆幸的是，有一些唐朝墓室壁画保存了下来。因此，想了解唐朝的绘画，人们可以从唐朝的墓室壁画中一探究竟。

在唐朝，皇室贵族都会在墓室里绘制壁画，希望能将生前的富贵带到另一个世界去。因此，唐朝的墓室壁画大多以贵族的社会生活为题材，真实而生动地展现了当时的现实面貌。永泰公主墓中的壁画，就是其中最具代表性的一例。

永泰公主名叫李仙蕙，是唐中宗李显的

女儿，也就是武则天的孙女。她离开人世的时候仅有17岁，当时她的身份并非公主，而是郡主。她去世4年后，李显追封她为永泰公主，并且特许将她的坟墓尊称为“陵”，规格与帝王的等同。这是出于父亲对女儿的宠爱吗？为何一个郡主能享受如此殊荣？

风流人物

唐高宗李治驾崩后，中宗李显继位，但他刚登基不久就被武则天废黜，而后被流放到外地并被软禁起来。李仙蕙就出生于李显被软禁期间，虽然她生不逢时，在偏僻之地度过了童年生活，但她从小聪敏，深受李显喜爱。

武则天考虑到日后需要有人继承帝位，于是召李显回京城，将他重新立为太子。李显十分珍惜这次机会，为了与母亲搞好关系，李显将自己疼爱的女儿李仙蕙嫁给了武则天的侄孙武延基。虽然李氏家族和武氏家族的关系非常微妙，但这对夫妻的感情很不错。武延基与李仙蕙的哥哥李重润的关系也很好，两家经常走动。

当时，武则天的宠臣张易之、张昌宗兄弟把持着朝政，张氏兄弟在朝中胡作非为，甚至对李氏和武氏这两个皇族也毫不客气。有一天，武延基、李仙蕙夫妻二人和李重润在家中聊天，言语之间颇有对

张氏兄弟的不满。这种私下的交谈本属很平常的事情，可不知怎么回事，这次私人谈话，居然传到了张氏兄弟的耳朵里，张氏兄弟又添油加醋地说给了武则天听。武则天听到居然有人敢诽谤张氏兄弟，勃然大怒，便下令处置这三人。

具体如何处置则有不同说法：有说三人是被武则天下令处置的；也有说武则天将此事交给了李显处置，胆小懦弱的李显不敢违逆武则天，只好下令赐死了自己的儿子、女儿和女婿，以保全其他族人的性命。

关于李仙蕙真正的死因，历史上众说纷纭。但李显在二次登基重掌大权后，便为儿女平冤昭雪，追封李重润为懿（yì）德太子、李仙蕙为永泰公主，陪葬乾陵。李显破格将他们的“墓”称为“陵”，也就是史书中所记载的“号墓为陵”，以帝王级的规格安葬了这对儿女。永泰公主墓中的这幅堪称一流的壁画，很可能是作为父亲的李显怕女儿孤独，于是找来最好的画师，描绘了优雅、华贵的仕女与她为伴。

余音绕梁

在文献记载中，真正依据“号墓为陵”制度建造的只有懿德太子墓和永泰公主墓两座。20世纪50年代末，考古学家在发现永泰公主墓时，曾经做了一个错误的判断。

当时，考古学家在对乾陵附近的陪葬墓进行考察时，注意到一座被当地人称为“方冢”的陵墓。这座墓葬距离乾陵的位置最近，且墓前石刻数量众多，保存相当完整，尤其是一对石蹲狮，其造型的精美程度与乾陵御道前的石狮不相上下，另外墓的封土也是又高又大。根据史书的记载，在乾陵陪葬的人中，似乎也只有武则天的次子——章怀太子李贤，才能拥有如此精美的石刻和广阔的陵园。

考古学家开始对这座方冢进行清理、发掘，直到出土的“大唐故永泰公主墓志铭”赫然在目，才发现原来方冢不是李贤的墓，而是李仙蕙与武延基的合葬墓。至此，人们才彻底搞清了此墓的归属。

这座公主墓虽早年被盗掘过，但仍出土了各类文物。而这幅壁画历经千年，依旧色彩鲜丽、栩栩如生。之后，壁画被人们整体搬运至陕西历史博物馆，向公众讲述大唐盛世中的一段辛酸故事。

鎏金舞马衔杯纹银壶

现居地
陕西历史博物馆

外形特征
上窄下宽，壶身呈扁圆形

属性
银

个性签名
我是唐朝由盛转衰的见证者

毛遂自荐

大家好，我叫鎏金舞马衔杯纹银壶，生活在唐玄宗时期。舞马衔杯，是说我身上的纹饰；银壶，是指我的材质和造型。通常像我这样的壶，叫作皮囊壶，来源于契丹族。这是一个马背上的民族，人们用皮质的壶盛水，方便骑马赶路时解渴。唐朝初期，国家强盛，对外关系开明，许多人迁居到了中原。可能是唐朝人看到这种壶非常实用，就以银为材质制作了我，我也因此成了高配版的“皮囊壶”。从器型来看，我反映了唐朝各地区间的交流融合。

再来说一下我独特的制作工艺。为了制作我表面上的两匹马，需要先在一大块银板上打压出壶的形状，然后在壶身两面制作出两匹相对应的舞马图案，再将银板两端进行焊接，最后做一些装饰。这个制作过程听起来好像很简单，但其实考古学家找了很久都没有在我身上发现焊接的痕迹，而且我的身上至今都没有丝毫开裂的迹象，当初人们到底使用了什么神奇的焊接方法，迄今都是未解之谜。

当然，这还不足以说明我在国宝圈的崇高地位，我还有一个很重要的特点：我身上的两匹马，它们后腿弯曲蹲坐，前腿直立，嘴里衔着一个小杯。这是在做什么呢？难道是在跳舞吗？是的，这种马被称为“舞马”，主要用于唐朝贵族的娱乐活动。据唐朝史书记载，当时宫廷里养了数百匹舞马，它们穿金戴银，会伴随着乐曲翩翩起舞。

很长一段时间里，舞马只出现在史书中，人们没有见过实物资料，甚至一度怀疑舞马是否真的存在过。而我的出现，彻底打消了人们的猜疑，将舞马的形象毫无保留地展现在了世人的面前。

星汉灿烂

武则天去世后，唐中宗李显继位，但他软弱无能，朝政大权落到了皇后韦氏的手中。韦皇后也想效仿自己的婆婆武则天当个女皇帝，但还没等到韦皇后实施她的称帝计划，年纪轻轻的李隆基和他的姑姑太平公主就联手发动了政变，夺取了政权。

即使当了皇帝，唐玄宗李隆基还是没能掌握朝政大权。当初与他一起参与政变的太平公主经常干预政事，朝廷三品以上的官员几乎都听命于她，双方的矛盾不断累积、升级。终于，当了一年皇帝的唐玄宗积蓄力量消灭了太平公主的势力，重掌皇权，史称“先天政变”。

短短三年时间，唐玄宗经过两场政变，最终确立并稳固了自己的帝位。面对这来之不易的权力，他倍加珍惜，励精图治，改年号为开元，缔造了“开元盛世”。

据说，为了选拔优秀的人才，唐玄宗曾在长安举行了一场全国神童选拔考试，并亲自登台观看。最后，一个9岁的孩子脱颖而出。唐玄宗问他，有比你还聪明的孩子吗？这个孩子回答说，我的表弟李泌（bì）今年才7岁，但是学问已经比我高出许多了。于是，唐玄宗派人接来李泌，当场出题让他回答，李泌果然对答如流。唐玄宗高兴地把他抱在怀里，对他的父母说：“孩子才7岁，现在让他做官不利于才智的发展，你们应当用心教他，把他培养成未来的国家栋梁。”成年后的李泌果然不负众望，历经四朝，并得到了重用。

但是，经过层层斗争做了皇帝，又兢兢业业开创盛世的唐玄宗，却在执政后期沉迷于奢靡享乐的生活。唐玄宗在宠爱的武惠妃死后，终日郁郁寡欢。后来，他见到了杨玉环，被她迷人的风韵倾倒，便命人将她接到宫中。两人情投意合，杨玉环成了唐玄宗最宠爱的妃子。有一次，唐玄宗听说她喜欢吃荔枝，便不惜财力、物力开辟了从南方到长安的千里贡道，只为运输新鲜的荔枝以供杨贵妃享用。唐玄宗还将杨贵妃的哥哥杨国忠立为宰相，并将国事交由他处理。

唐玄宗执政后期，开始出现政治动乱，驻守边疆的安禄山、史思明等将领，以讨伐杨国忠为借口起兵造反，攻陷长安，史称“安史之乱”。

唐玄宗无力抵抗，匆忙出逃。逃至马嵬坡前，随行的将士哗变，要求杀死杨国忠及杨贵妃。为了安抚将士，走投无路的唐玄宗只能眼睁睁地看着心爱的人被杀，悲恸欲绝，可是逃亡之路还要继续。公元756年，唐玄宗的儿子李亨登基，称为唐肃宗。此后他命人抗击叛军，公元757年才夺回了长安和洛阳，作为太上皇的唐玄宗才再次回到长安。可是这时候的长安再也不是曾经的长安了，昔日的繁华早已不见了踪影，唐朝开始由盛转衰。

而唐玄宗与舞马的故事，既见证了唐朝盛世的辉煌，又见证了衰落后的凄凉。

朕也是不得已而为之啊！

风流人物

唐玄宗非常喜欢马，早年曾命人为他四处寻求好马，甚至从西域进口良马，并亲自从中挑选了上百匹马，训练它们闻歌起舞。这些舞马并不会随随便便出来表演，只有在每年的千秋节，也就是唐玄宗生日那天，才会为王公贵族表演。

千秋节上的舞马穿金戴银，毛发之间都装饰着珠宝，它们跟随着乐曲节奏抬头扬尾、腾跃飞旋。乐曲结束的时候，一匹舞马慢慢地走到唐玄宗面前，后腿跪下，口衔酒杯向唐玄宗祝寿敬酒。唐玄宗拿起舞马献的酒杯，把酒一饮而尽。这些训练有素的舞马原本在皇宫之中为唐玄宗跳

舞，但随着唐朝的衰落，它们的下场也甚是凄惨。

唐玄宗统治后期发生了安史之乱，仓皇出逃的唐玄宗连杨贵妃都无法保护，更别提保护宫中的这些舞马了。安禄山因为曾参加过唐玄宗的宴会，看到过舞马祝寿的场景，所以也非常喜欢这些舞马，于是将它们交给了自己的手下大将田成嗣（sì）照看。但田成嗣没有见过舞马，便把这些舞马当作军马加以饲养。有一天，军营之中为庆祝胜利而奏响乐曲，这些舞马一听到乐曲响起，条件反射一般就开始翩翩起舞。士兵们哪里见过这样的阵势，赶忙向田成嗣禀报。田成嗣以为这些舞马是妖孽，如果继续留在军营中会扰乱军心，便命令士兵将这些舞马打死了。

自此之后，中国历史上就再也没有舞马衔杯祝寿的景象了。

余音绕梁

1970年，鎏金舞马衔杯纹银壶重见天日，人们再次见到了千年前舞马的形象。

有学者认为，这些宝藏是在仓皇出逃的过程中被人埋入地下的。唐德宗时期曾经发生过一次兵变，士兵们趁乱抢夺金银珠宝。当时负责保管朝廷财物的官员，想趁乱携带一些体形小、价值高的宝贝逃跑，但是被守卫城门的士兵发现了，便禁止官员出城。慌乱之中，他只好返回家里，将这些宝贝埋藏在地下，准备等待时机成熟的时候再将其取出。可是天不遂人

愿，这个官员后来投降了叛军，岂知不久之后唐军又收复了长安，便将他斩杀了。于是，这些宝贝就一直被埋在地下。

经过千年时光，一次偶然的机会，这些宝物又重现世间，这一批大唐珍宝也随之入藏陕西历史博物馆，向公众讲述着过往的故事。

镶金兽首玛瑙杯

现居地
陕西历史博物馆

外形特征
类似兽角的形状

属性
玛瑙

个性签名
我是一件官方收藏的“外来古董”

毛遂自荐

我是一件用玛瑙制作的杯子，虽然叫作杯，可我与传统的圆柱形杯子完全不同。我看起来更像兽类的角，所以角杯这个名字更适合我。我由红、棕、白三色相杂的玛瑙雕琢而成，色泽鲜润，造型可爱，堪称世间罕见的俏色美玉。

一开始，古人对于玛瑙产生纹带的原因不甚了解，认为这是由马脑子转变而来的石头，所以有了“马脑”这个名字。后来，人们逐渐认识到“马脑”是一种玉石，便用“玛瑙”二字来指称。

再来看我的外形：杯口近圆形，下部为兽首形，似牛又似羊；两只大眼睛瞪得圆圆的，十分警觉地看向前方；兽头上有两只弯曲的羚羊角，嘴上扣着一顶金帽。我的这种造型在中华五千年文明史上可以说绝无仅有，因此专家推断我是一件舶来品。其实，我还有一个外文名，音译过来叫作“来通”，是一种西方器物。

虽然我对自己的名字记忆深刻，但对自己的诞生时间和诞生地的记忆早已模糊了，专家也没能达成一致的意见。毫无争议的是，我诞生于西方，唐朝时成为朝廷收藏的一件外来古董。虽说我是一个“外人”，可我受到的礼遇却一点儿也不低。我同众多宝物一起被埋在了一个叫作何家村的地方。在唐朝，何家村属于兴化坊，是达官贵人居住的场所。与我埋在一起的文物来自五湖四海，可以说是“星光熠熠”。接下来，就跟随我一起回到那个荣耀无比的时代吧……

星汉灿烂

唐德宗李适（kuò）出生于唐朝最辉煌、最昌盛的时期，但随着安史之乱的爆发，他的命运彻底发生了改变。他曾随唐玄宗出逃四川，饱受颠沛流离之苦，而后被任命为兵马大元帅，肩负起平息叛乱、拯救国家的重任。

登上皇位后，李适采取了一系列措施，想要复兴大唐。但唐朝衰微的迹象已经显现，各地叛乱时有发生，泾原兵变就是一次不亚于安史之乱的叛乱。当时，唐德宗征调泾原数千将士东征，将士们到达长安时正逢大雨，却没有得到朝廷应有的犒赏。饥寒交迫的将士哗变，转眼由守卫军变成了叛军，唐德宗只好又一次出逃。兵变后来虽被镇压，但对都城长安乃至整个王朝都产生了重大影响。

那泾原兵变与我有何关系呢？泾原

兵变了，
快逃吧！
冲呀！我们拼了！

兵变使得长安城大乱，连皇帝都逃走了，众多达官显贵也迫于形势仓皇逃窜。危急关头，他们无法随身带走手头的奇珍异宝，只能临时找个地方将其藏匿起来，打算等到天下太平了，再将宝物挖出。于是，我连同众多小伙伴被埋藏在兴化坊之内。居住在此坊的人非贵即富，那我当时又属于哪位达官贵人呢？

风流人物

何家村一带在唐朝时曾属于邠（bīn）王李守礼，据此专家推断，这批宝藏可能属于李守礼和他的父亲李贤。李贤，也就是章怀太子、武则天的次子，曾被立为皇太子，后遭武则天猜疑而被逼自杀。贵为太子的李贤拥有众多宝物，这不足为奇。他的儿子李守礼还担任过司空，有机会接触各种珍宝。这无疑可以作为李贤和李守礼父子俩是我的主人的证据。

但也有专家提出了不同的意见：一方面，何家村遗宝发现的地点并不在邠王府的范围内，而是在邠王府东侧。邠王李守礼也早在安史之乱之前就去世了，泾原兵变发生时，邠王府早已不复存在。另一方面，李守礼生前放荡不羁、挥霍无度，是个有名的败家子，经常靠借债度日，又怎会留下如此财富？所以宝藏肯定属于年代晚于他的人。

那还有谁能接触到我呢？专家们继续从史书中查找线索……

据记载，唐德宗年间，邠王府东侧居住的是租庸使——刘震。租庸使究竟是一个怎样的官职呢？唐朝从地方征收上交中央的赋税运抵京城后，需要先集中送到一个地方，经检验合格后再送往国库，租庸使负责的就是检验工作。刘震的身份地位与珍宝主人相吻合，地点也对应得上。除此之外，还有一则故事似乎也从侧面印证了这个关于何家村遗宝归属的猜想。

相传，一天刘震照例去上朝，没想到会突发兵变。他得知这个消息后，立即策马赶回家中，并安排家人躲避。他让外甥王仙客押载金银财宝出逃，自己则带着家眷出城，并约定好会合地点。但王仙客一直等到日落，也没看到刘震一家人，便赶到南门询问。守门人告诉王仙客，午后见到刘震带着家眷要出此门，但没敢放行。这时叛军追来，刘震赶紧离去。当时城内大乱，不排除刘震再次回到家中，将珍宝埋藏起来的可能性。

我的主人到底是谁呢？这个问题依旧困扰着我。但无论我的主人是谁，何家村遗宝都反映了古人的追求。仿佛每件器物身上都有个神秘的按钮，按下按钮，就会在世人的面前铺陈开一幅大唐盛世的画卷。

余音绕梁

1970年，当地人正在打地基建房，当挖到1米深时，发现了一个装满金银器的陶瓮，陶瓮西侧的银罐里也装满珍宝。随即，相关人员进行了考古发掘，在陶瓮北侧又发现了一个装满珍宝的陶瓮。人们将两瓮一罐移至室内清点，共发现上千件珍宝，其中以金银器的数量最多，这批器物被称为“何家村遗宝”。

自20世纪50年代以来，西安地区发现唐朝金银器窖藏约20处，但像何家村遗宝这样宝藏如此集中、丰富的还属首次发现。何家村遗宝已经面世几十年了，围绕遗宝的探

何家村遗宝

何家村遗宝是一处唐朝窖藏，唐朝时属于长安城的兴化坊。这些宝藏分别埋藏在2个大陶瓮和1个银罐之中，藏有金银器、玉器、银饼和药材等千余件。其中，金银器物达265件，是唐朝金银器的一次空前大发现。

索与研究从未中断。何家村遗宝的主人究竟是谁，人们只能透过历史尘埃，努力寻找以求接近真相。或许这就是考古最迷人之处，它触动着人们的好奇心，吸引着人们不断去探索……

秘色瓷八棱净瓶

现居地

法门寺博物馆

外形特征

长颈、鼓腹，通体呈八棱形

属性

瓷

个性签名

我解开了千年历史谜题

毛遂自荐

我是一件来自唐朝的瓷瓶，同时也是鉴别秘色瓷最早的标准器。所谓标准器，也就是说我的出现，让人们有了判定一件瓷器是否为秘色瓷的参照和标准。秘色瓷是中国古代最神秘的瓷器，千百年来都没有人知道它长什么样子，直到我和小伙伴们从法门寺的地宫中出土，人们才第一次见到了传说中的秘色瓷实物。

我个头儿不高，小小的瓶口下是长长的颈，颈下有3圈平行的凸棱，肩部丰满，腹部像一个小冬瓜，被8条竖向凸棱等分成8份。但我最为人称道的是身上那一抹釉色，犹如宁静的湖水一般，清澈碧绿，具有极强的流动感，虽历经千年时光仍然玉润光洁。我的身份高贵，是皇家的御用瓷器，称得上是稀世珍宝。

差点儿忘了介绍我的用途。大家应该见过《西游记》里神通广大的观音菩萨，她手持一个小瓶子，上面插着杨柳枝，每当遇到问题，观音菩萨就会将瓶中的杨柳枝拿出，向外挥洒，所及之处总是能化险为夷。我便类似于观音菩萨手中的小瓶子，其实是一个净水瓶。

我的出现解决了中国文物史上的一个“悬案”。关于秘色瓷的历史记载和诗赋有很多，其中最早、最知名的是唐朝诗人陆龟蒙的《秘色越器》一诗。他在诗中写道：“九秋风露越窑开，夺得千峰翠色来。”通过诗句人们可以看出，一排排刚烧好的瓷器就像一座座郁郁葱葱的山峰，而瓷器的釉色就像融合了上千座山峰的翠色。

诗中只提到了秘色瓷是越窑出产的，并没有具体解释秘色瓷中“秘色”的具体含义。加上现代考古发掘一直未见身份明确的秘色瓷，也没有明确的秘色瓷传世品，所以人们对于秘色瓷的样子、烧制工艺和年代等存在诸多争议。

关于“秘色”的含义，一部分人认为“秘”是秘密烧制的意思。那时，主管烧制秘色瓷的吴越国将此作为献给皇室的贡品，对生产工艺严格保密，烧制地点也是个谜。另一部分人则认为秘色瓷的

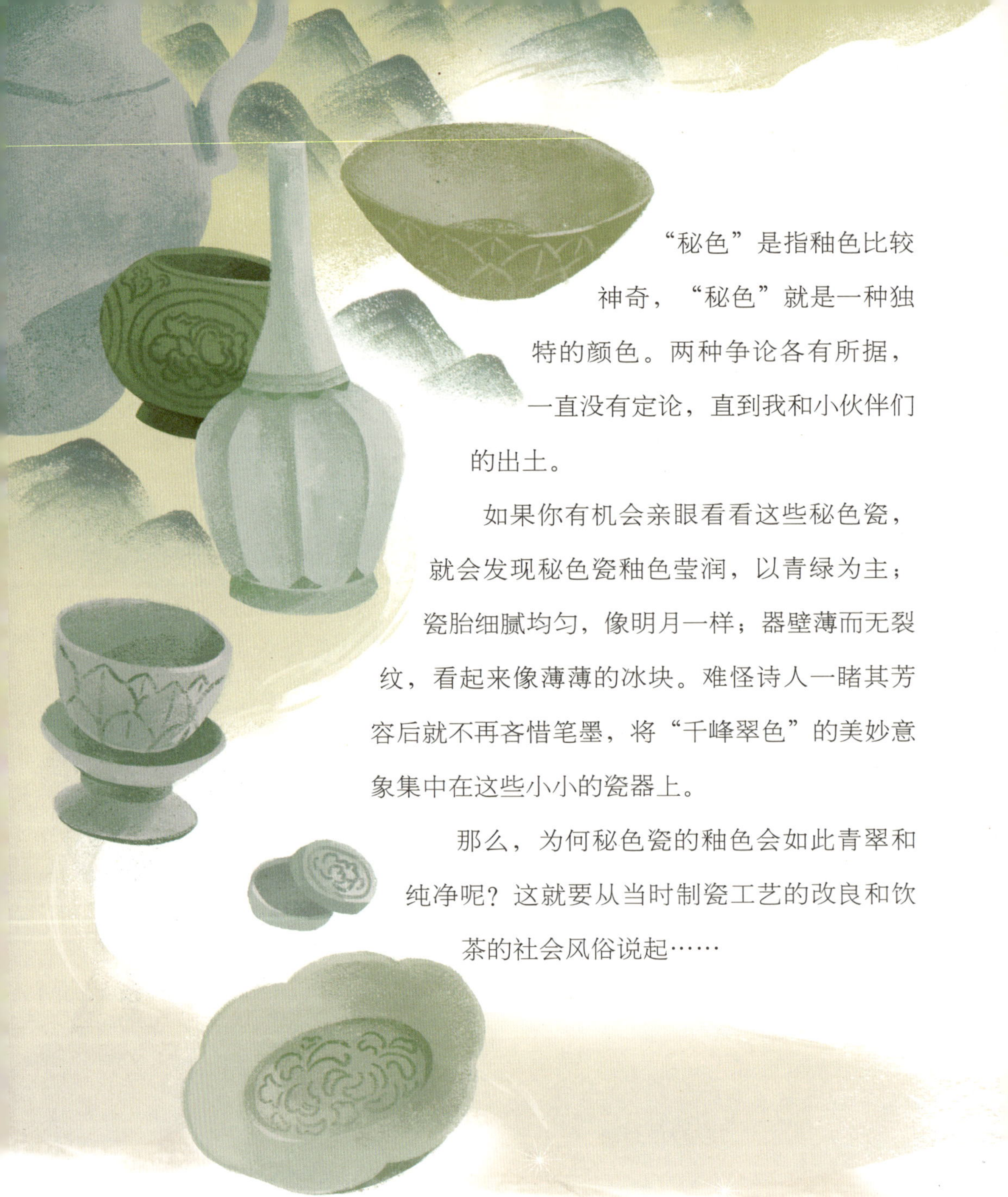

“秘色”是指釉色比较神奇，“秘色”就是一种独特的颜色。两种争论各有所据，一直没有定论，直到我和小伙伴们的出土。

如果你有机会亲眼看看这些秘色瓷，就会发现秘色瓷釉色莹润，以青绿为主；瓷胎细腻均匀，像明月一样；器壁薄而无裂纹，看起来像薄薄的冰块。难怪诗人一睹其芳容后就不再吝惜笔墨，将“千峰翠色”的美妙意象集中在这些小小的瓷器上。

那么，为何秘色瓷的釉色会如此青翠和纯净呢？这就要从当时制瓷工艺的改良和饮茶的社会风俗说起……

星汉灿烂

秘色瓷八棱净瓶产于唐朝晚期的越窑。越窑主要的烧制地点在今天的浙江余姚、慈溪一带，这些地区在战国时期属于越国，唐朝时改为越州，这里的窑因此而得名越窑。早在东汉时期，越窑就开始烧制瓷器，唐朝时达到鼎盛，被誉为“诸窑之冠”。悠久的制瓷历史，为唐朝越窑青瓷的发展积累了经验，打下了技术基础。

但在唐朝以前，越窑青瓷虽然价格便宜，但并不畅销。辛辛苦苦烧制的瓷器常常积压在窑场，这可愁坏了烧瓷的窑工。为了改变这种情况，越窑的窑工们对制瓷工艺进行了改良。首先，把胎料磨制得更加精细，这样能使胎体变得轻薄；其次，在胎体上施加一层青灰色的釉汁，这样烧出来的釉色显得葱翠莹润；最后，使用瓷质匣钵，烧制时把瓷坯放在里面，保证烧

出的青瓷釉色鲜亮纯净。经过技术改良的越窑青瓷一经问世，就受到了当时人们的追捧，即使价格提高上去了，也依然供不应求。

除此之外，越窑青瓷受到追捧还有一个重要的原因。唐朝社会盛行饮茶，以煮茶后的颜色呈青色为佳，因而在茶具选择上，也喜欢用青色茶具来衬托茶汤，使其显得清亮诱人。

当时，有一位名叫陆羽的鉴茶大师，他买来全国各地生产的茶碗进行比较，并将比较的结果写成了测评报告，放进了自己的著作《茶经》中。经过比较，陆羽发现越窑生产的青瓷碗最能衬出茶色，是人们饮茶的首选茶具。后来，为满足皇家饮茶的需要，朝廷就开始在越窑设置贡窑烧制秘色瓷，秘色瓷也因此成了皇家御用珍品。在重要的迎送佛骨盛典中，秘色瓷作为皇家珍品被选中放入法门寺地宫中。

风流人物

秘色瓷八棱净瓶的具体制作者已无从考证，但法门寺地宫中这批用于迎送佛骨的珍品，却有着一段真实的历史。

唐朝盛行佛教，上至王公贵族，下至普通百姓都很信佛。每隔一段时间，法门寺地宫中供奉的佛骨舍利就会被迎出来拿到皇宫中供奉，皇家还会举行规模盛大的迎送典礼，以祈求国家风调雨顺。但是，每次迎送佛骨都声势浩大，劳民伤财，百姓对此怨声载道。

唐宋八大家之一的韩愈注意到了这

个问题，冒死写了一份奏折呈送当时的皇帝唐宪宗，直言这样迎送佛骨劳民伤财，非但不能求得佛祖保佑，反而会招致灾祸，导致百姓流离失所，应该立即停止这种行为。但唐宪宗看完韩愈的奏折后大怒，要处死韩愈。幸亏当时的宰相和一些大臣出面求情，唐宪宗才饶他不死。但是，唐宪宗下令将韩愈由刑部侍郎贬为潮州刺史，令其远离都城长安。

韩愈被贬官，虽然得到了很多人的同情，但唐朝迎送佛骨的活动并没有停止，仍持续了半个多世纪才算告一段落。从法门寺地宫挂上巨大的铁锁起，这批珍贵的秘色瓷就连同供奉的稀世珍宝，开始了尘封地下的岁月。

余音绕梁

1987年的一天，摇摇欲坠的法门寺宝塔轰然倒塌，随后考古工作者在其地宫内发现了当时人们供奉的珍贵文物，其中就有包括秘色瓷八棱净瓶在内的14件秘色瓷。

由此，世人不仅见到了传说中的秘色瓷，还了解到了秘色瓷的相关信息，判断它始烧于唐朝，出自浙江越窑的上林湖窑场。原因是，专家们在上林湖窑场发现了一件与从法门寺地宫出土的秘色瓷八棱净瓶几乎完全一样的瓷瓶。另外，两地瓷器的

烧制方法一致，由此专家推断上林湖窑场可能是当时生产秘色瓷的贡窑。

如今，这批秘色瓷在法门寺博物馆展出，在琳琅满目、金光银色的宝物中，以“千峰夺翠”的质感，向人们无声地讲述着秘色瓷千年的秘密。

彩绘散乐浮雕

现居地

河北博物院

外形特征

身体是块矩形大石板，大约半人高

属性

石

个性签名

我记录了富有大唐神韵的乐团的风采

毛遂自荐

我叫彩绘散乐浮雕，出生于五代时期，后被镶嵌在墓葬后室的西壁上，成为当时的藩镇长官王处直的随葬品。

我是一块身雕乐团的大石板，从我的名字中你就能猜出我的样貌，以及制作我的工艺。我由一整块汉白玉石雕刻而成，表面采用浮雕的手法，上面精心雕刻有15个人物，再涂以鲜艳的颜料。流畅而细腻的线条与浓郁的色彩，使得石刻上的乐人栩栩如生。你看，她们都是樱桃小口、长眉细目，身着华丽宽大的服饰，正在演奏着各类乐器。仔细观察她们，静静地想象与聆听，仿佛能听见来自遥远时空的乐声。你猜，这些人是谁呢？

她们是一支女子乐团，正是我的出现，将古代乐人群体呈现在世人面前。

乐人，指的是以歌舞表演为生的艺人。因为演奏曲目风格不同，乐人的类别也划分得很细。比如，在宫廷

宴会上表演的被称为雅乐乐人，在民间行走江湖表演的被称为散乐乐人。

当然，有的乐人也会“签约公司”，像我身上雕刻的这支乐团，便“签约”了一个高门大户，成为贵族的“私家乐团”。在古代，乐人通常站在大堂内，人数从数十到上百不等——只有如此多的人共同表演，才能演奏出气势非凡的“交响乐”。我身上雕刻的这15位乐人可以说是那时乐团的微缩版，她们演奏着不同的乐器。多亏了我身上的浮雕，那些古老的乐器才能再次出现在世人面前。

这些乐人优雅的演奏姿态和飘逸华美的服饰装扮，似乎在向人们传递着战乱时期的一帘大唐遗梦，也向后人展现着那个时期藩镇贵族的奢靡生活。

星汉灿烂

浮雕上的乐人身穿华丽的服饰，脸带淡淡的微笑，但当时的社会真的像她们表现的那样富庶、和平吗？

事实上恰恰相反，当时唐朝已经灭亡，分裂成大大小小几个国家，它们互相攻击、吞并，百姓苦不堪言。也就是在这样的背景下，浮雕上的这支散乐乐团只能卖身给割据一方的大贵族王处直，成为他的“私家乐团”。

王处直究竟是什么人呢？他为什么能在战争年代掌握大权并过着奢华的生活呢？这得从唐朝中后期的藩镇说起。藩镇是唐朝设立在地方的一种军事机构，主要用于防范敌人入侵，其长官被称为节度使。藩镇设立之初，确实为唐朝立下了汗马功劳，如东南的藩镇为政府提供了充足的钱财，边疆的藩镇为大唐戍守国土，而中原的藩镇是首都长安的重要屏障。但随着时间的推移，藩镇的权力越来越大，到了唐朝末期，它不再是唐朝防范外敌的一把利器，而是变成了一颗意图颠覆国家的“毒瘤”。将军和农民起义的首领们摇身一变，也都成了藩镇的节度使。他们拒绝听从唐朝的命令，纷纷“占地为王”，将自己所统领的藩镇变为唐帝国内部的小王国。王处直就是这些“占地为王”者中的一员。

风流人物

最终，唐朝被藩镇势力朱温所灭，此时其他的藩镇还在互相争夺不休，有的干脆自立年号、称帝建国，有的则依附于实力强大的割据国而存在，中国开始进入五代十国的大混战时代。

五代，其实指的是唐朝灭亡后，地处华北和中原地区军力强盛的5个相继出现的政权；十国，指的是华北和中原地区之外的10个割据政权。

从唐朝末期开始，王处直一直占据定州一带，后来成为华北地区的实际主人。他这个人其实没有什么大志向，性格还优柔寡断，犹如墙头草一般反复倒戈。他甚至贿赂实力更强大的藩镇，以保全自己的富贵生活。

王处直还非常迷信，宠信奸佞（nìng）。有一次，他患上了重病，道士李应之用旁门左道治好了他。王处直顿时将李应之奉为神人，让他代替自己处理大事。更为荒唐的是，王处直爱屋及乌，将李应之的养子也收为自己的养子，赐名王都并赋予其军权。

令人唏嘘的是，王处直最终死在了自己宠爱的养子王都手中。几年之后，王都也因定州被攻破，带着全家自焚而亡，占据华北一带的王氏藩镇最终烟消云散。

余音绕梁

虽然王都谋杀了养父王处直，但为了掩耳盗铃，他给王处直修建了豪华陵寝，陪葬了不少奇珍异宝，彩绘散乐浮雕就位列其中。如今，虽然这些宝贝大多已失窃，但从这间豪华的墓室不难看出当时葬礼的奢华程度。墓室中到处都是精美的绘画与石刻。你看，仅仅是墓室的顶部和墙壁上就画着各种星象图、翻滚的云、飞舞的鹤、清秀的

山水，还有那花团锦簇、鸟儿啼鸣……同彩绘散乐浮雕一样的石刻也不在少数，精美异常。

最终，彩绘散乐浮雕安家于河北博物院。如果你想了解饱含大唐神韵的女子乐团到底是什么样子的，如果你想知道神奇的乐器该如何演奏，那就请到河北博物院，让彩绘散乐浮雕为你细细道来。

五代吴越国瑞兽“光流素月”铭镜

现居地

浙江省博物馆

外形特征

圆形，铜镜上刻有纹饰

属性

铜

个性签名

愿和你相伴，去往纯净的世界

毛遂自荐

说到雷峰塔，很多人第一时间想到的都是许仙和白娘子传奇般的爱情故事。其实，雷峰塔最初的建造，源于另外一段鲜为人知的爱情故事。而我，就记录了这个故事中男女主角传奇的一生。

我是一面铜镜，在我背面的正中有一个圆钮，圆钮的周围环绕着4只奔跑的瑞兽，既像麒麟又像天马。再往外有一圈铭文，开头的几个

字便是“光流素月”。

我的独特之处，也是我最有意思的地方：我的镜面和常见的铜镜镜面不同。通常来说，镜面是用来正衣冠、照容颜的一面，应该是光亮、平整的，但我的镜面上面满是线刻画面。由此可见，我并不是普通的镜子，至于我真正的用途，那就要到镜面的线刻画面中去寻找答案了。

从我身上的线刻画面中可以看到，在一个月明星稀的晚上，一群人正在云气袅袅的仙境里举行着某种神秘的仪式。画面中还有一朵祥云飘在楼阁之间，载着一对男女从天而降。他们穿着华丽的衣服，似乎在交谈说笑，俨然一幅天上人间同乐的场景。考古学家从这对男女的穿着打扮及仪式的场景布置中推断，他们就是我的主人——吴越王钱俶（chù）和王妃孙氏。

人们认为我身上的线刻画面表达的核心思想就是钱俶和王妃孙氏在向上天祈祷，希望能相伴到达画面中所描绘的极乐世界，这不禁让人联想到“在天愿作比翼鸟，在地愿为连理枝”的真挚誓言。

钱俶和王妃孙氏又有怎样的故事呢？这一切，都要从我生活的那个时代说起……

星汉灿烂

我出生于唐宋之间的五代十国时期，这是一个分裂动荡的时期，那时先后出现了10个独立的小王国。我出生的吴越国就是当时统治浙江等地区的一个南方小国，存在不到百年的时间，先后有5位国王执政。

不同于北方中原地区的战事频繁，吴越国偏居的南方地区相对安定许多。历代吴越王都对自己国家的实力有着清醒的认识，他们对内重视农业生产，兴修水利，大力发展本国经济；对外奉中原国家为正统，伏低做小，向其进贡本国珍宝，希望对方不攻打自己，同时依附中原大国，以免遭到其他国家的侵略，为本国谋取宝贵的发展机会。在这样的治国策略下，吴越国经济繁荣，百姓安居乐业，国都杭州一度成为东南地区最发达、最繁荣的城市，有“东南形胜第一州”之称。

但当宋太祖赵匡胤（yìn）黄袍加身建立宋朝后，钱俶治理的吴越国开始变得岌岌可危。此时，宋朝已经统一了北方地区，还出兵灭掉了宋朝和吴越国之间的南唐，一时间令吴越国缺失了天然屏障，完全暴露在宋朝的眼前。尽管钱俶对宋朝俯首称臣并进贡不断，但奈何宋太祖一心想吞并吴越国，一统天下。实力弱小的吴越国无法和实力强大的宋朝对抗，只能潜心礼佛，以期得到佛祖的保佑。因此，在现在的浙江地区，人们能看到不少钱俶建造的佛塔，其中最著名的就是雷峰塔。

风流人物

雷峰塔的修建与钱俶的王妃孙氏有着密切关联。据说，两人的感情非常好，史书上有不少关于他们相互扶持、互敬互爱的记载。有一年，钱俶要出征常州，这一去势必耗费好几个月。临行前，钱俶对王妃孙氏说："现如今，我将离开国都数月，国家的大小事务还请夫人代为处理，务必要妥善处理，等我凯旋。"孙氏回答道："臣妾自当尽力，定会小心谨慎。"钱俶出征后，孙氏代行国王权力，赏罚分明，国人都服从她颁布的政令，就像听从钱俶的旨意一样。孙氏还带头省吃俭用，重视节约，除非举行重大的宴会活动，否则她都穿着简朴的旧衣服，也不佩戴金银首饰。她更是经常派人出宫慰问出征将士的家属，以此来稳固民心。无论是钱俶还是百姓，都对孙氏赞誉有加。

孙氏去世后，为了缅怀亡妻及供奉舍利，钱俶在吴越国风雨飘摇之时，大兴土木，不惜耗费巨大的人力、物力来建造塔，并将此塔命名为皇妃塔。可令人遗憾的是，皇妃塔建成后仅一年左右，钱俶便交出国土，归顺北宋了。从此，他搬离杭州，再也没有踏上故土一步。

钱俶去世后被葬在了北方，皇妃塔没能等到他平安归来，建塔祈福的爱情故事随之逐渐湮没于历史长河中。皇妃塔这个名字也逐渐被世人所遗忘，取而代之的是雷峰塔这个家喻户晓的名字。反而后来围绕雷峰塔衍生出的许仙和白娘子的凄美爱情故事，更为世人所熟知。

余音绕梁

人类最早的“镜子”是水，人们在河边、溪边或把水装进容器里，以此来正衣冠、照容颜。大约4000年前，新石器时代的齐家文化铜镜是中国发现的最早的铜镜。

聪明的古人不仅把铜镜当作生活用具，还会在铜镜的背面装饰各种纹饰、文字，使铜镜成为艺术品。铜镜也常被视为见证爱情的信物，历史上既有刻着“长相思，勿相忘”爱情箴言的铜镜，也有象征“破镜重圆”的爱情典故。据说，在南北朝时期，陈国有一位乐昌公主，她和驸马徐德言举案齐眉，是一对让人羡慕的恩爱夫妻。然而，当时社会动荡不安，他们随时都可能被迫分离。夫妻二人为了日后好团聚，便把一面铜镜分成两半，双方各持一半。他们相约，如果被迫分开了，以后每年正月十五这天就到京城的市场卖这半边铜镜，直至找到对方为止。

后来陈国灭亡了，乐昌公主被新皇帝赐给了一名大臣。徐德言被流放到很远的地方，他并不知道自己的妻子已经被迫改嫁他人。很多年以后，徐德言回到了京城，正月十五这天他按照当初和妻子的约定，来到市场上卖半边铜镜，恰好碰到一位老人家也在卖半边铜镜。双方把铜镜一合，发现竟然完全吻合。原来，这位老人家是乐昌公主的仆人，她受公主所托每年正月十五都到这里卖半边铜镜。乐昌公主知道徐德言回来后悲喜交加。她的现任夫君知道了整件事情的来龙去脉后，被他们二人的真情所感动，便放手让公主和徐德言重新在一起了。于是，铜镜与爱情有了某种奇妙的连接。

五代吴越国瑞兽“光流素月”铭镜作为钱俶和王妃孙氏爱情的见证物，也成就了一段传唱千年的爱情佳话。如今，它已入藏浙江省博物馆，等待着你亲自来一睹它的真容。

《韩熙载夜宴图》

现居地
故宫博物院

外形特征
两辆自行车连起来的长度

属性
绢

个性签名
问君能有几多愁，恰似一江春水向东流

毛遂自荐

我就是《韩熙载夜宴图》，创作于唐宋之间的五代时期，是中国十大传世名画之一。大家可能都听过南唐后主李煜（yù）的词句——问君能有几多愁，恰似一江春水向东流。我就与这位绝世词人有着直接的联系。

当时，李煜还是南唐国君，过着风光无限的帝王生活。他命令朝廷画师顾闳（hóng）中秘密潜入韩府，刺探韩熙载的生活。听到这里，你可能会觉得很奇怪：堂堂国君还需要找人去刺探臣子的生活吗？他如果想知道的话，为什么不大大方方地亲自去看呢？这里我先卖个关子，待后文细说。总之，夜宴结束后，顾闳中依靠目识心记，将韩熙载的私人夜宴进行了一次全景记录式的描绘，这就是我的由来。

有人说，我是一幅“情报画”，因为画中的内容既是画师顾闳中对韩熙载家中宴会的“窥探”，又是向皇

上呈奏的“秘密报告”。作为南唐后主李煜的“情报员”，顾闳中在没有摄像机和照相机的时代，凭借自身的才华，用绘画这种特别的方式圆满地完成了“窥探情报”任务。

也有人说，我是一幅“连环画”，因为整幅画分为5个部分，各个部分环环相扣，从听乐、观舞到暂歇，再到清吹，直至散宴，画面内容有起有伏，有张有弛，真实且完整地再现了夜宴的全过程，画的各个部分之间用屏风隔扇加以分隔。

那么，南唐是一个怎样的存在呢？当时的宴会到底是什么样子的呢？

星汉灿烂

随着大唐王朝的灭亡，社会进入了四分五裂、朝代频繁更迭的五代十国，我所处的南唐就是这个时期一个重要的政权。

南唐是由李昪（biàn）建立的，他坐拥江南富庶之地。李昪被称为先主，是一个帝王之材，具有雄才大略。在他统治时期，南唐的发展蒸蒸日上，并成为南方实力最为雄厚的政权，甚至很有希望统一天下。

先主李昪死后，中主李璟（jǐng）继位。遗憾的是，李璟被眼前的繁荣冲昏了头脑，不断出兵攻打周边国家，连年的战争大大消耗了南唐的国力。南唐逐渐衰落，不得不接受被动挨打的局面。

等到后主李煜登基时，南唐已经是一个烂摊子了。北部地区丢掉了大片领土，不仅损失了大量赋税收入，而且使都城金陵没有了屏障，直接受到中原宋朝的威胁。再加上每年还要向宋朝进贡大量金银珠宝、绫罗绸缎、粮食茶叶等财物，

南唐早已不堪重负。李煜虽在文学上才华横溢，但作为一国之主，他无力振兴南唐，后来还不幸成了亡国之君。

其实，当李煜面对南唐大好河山时，他何尝不想完成先帝大业？他竭尽全力寻找人才，希望能有所突破。此时，他想起了胸怀大志、拥有卓越政治才干的韩熙载。李煜心想，如果任他为相，或许南唐的命运会有所转机。但韩熙载这个人，有点儿与众不同。

风流人物

韩熙载早年间为避难逃至南唐，在南唐三任君主主政期间都有任职。但他的升迁之路并非一帆风顺，没有达到自己的预期。等他坐到朝廷重要的位置时已年过半百，早就看透了南唐渐趋衰弱的现实，所以无心朝政。特别是李煜统治时期，奢靡之风越来越盛行。而此时宋朝的实力却越来越强大，不断地攻城略地，且发展势头非常凶猛，与南唐的摇摇欲坠形成了鲜明的对比。韩熙载明知李煜想要重用他，却表现出满不在乎的样子，还在家中豢养了一批歌姬，夜以继日地载歌载舞，似乎在努力地表达着不再出仕的想法。

韩熙载有意做出放荡不羁、不堪重用的样子，让李煜心生疑虑：这个韩侍郎明明很有才华，也曾经立志要报效国家，现在真的像人们所说的那样没有追求了吗？他每天都在举行夜宴，真的是在家歌舞升平吗？带着疑惑，李煜决定让画师顾闳中亲自到韩府一探究竟。按常理说，画师顾闳中是没有资格参加韩府夜宴的，但韩熙载知道画师是皇帝派来的，便应承下来。

华灯初上之时，夜宴开始了。

夜宴是从“听乐”开始的，宾客们举起酒杯把酒言欢后，开始欣赏琵琶演奏。只见演奏者用纤纤玉指轻弹琵琶，悦耳的旋律让众人如

痴如醉。头戴高帽、留着一绺（liǔ）胡须的韩熙载，坐在床榻边上若有所思，看上去一副漫不经心的样子。琵琶演奏结束之后，韩熙载家中的舞者——王屋山开始应节起舞。王屋山是个能歌善舞之人，只见她伴着鲜明的鼓点节奏翩翩起舞。韩熙载连续喝了几杯酒，兴致也慢慢上来了，便亲自拿起鼓槌，上前击鼓助兴。短暂的休憩之后，韩熙载换上了便装，盘坐在椅子上，此时夜宴再次开始。韩熙载一边执扇与侍婢说话，一边欣赏音乐，真可谓是优哉游哉。一转眼夜已深了，宾客们恋恋不舍地陆续离去。

画师顾闳中回去后，凭借记忆将夜宴场景如实地画了出来，我就这样诞生了。当我被呈送至李煜面前时，李煜不禁感叹，顾闳中不愧是大家，观察细微，把欢宴达旦的情景描绘得淋漓尽致，没有漏掉任何一个细节。通过我可以看出，似乎每个人都很开心，其中最“不开心”的当数韩熙载了。

整场夜宴看似热闹非凡，但热闹的背后其实是一种无奈的冷清。沉郁的情绪充斥着韩熙载的心，旋律再激昂的曲调也难以掩饰他内心的孤独。他仿佛始终沉浸在自己的世界里，与眼前的喧嚣格格不入。

南唐国势的江河日下早已是不争的事实，韩熙载唯有通过这种方式才能掩饰内心的郁郁寡欢，用“问君能有几多愁，恰似一江春水向东流”来形容他此时的心情再恰当不过了。

余音绕梁

没过几年，南唐政权就土崩瓦解了，李煜和大臣们都成了宋朝的俘虏，而这幅《韩熙载夜宴图》也和众多的珍宝字画一起成为宋朝的战利品。

1945年的冬天，这幅画现身于白雪皑皑的北京城，一家字画店的掌柜竟然开出了500两黄金的

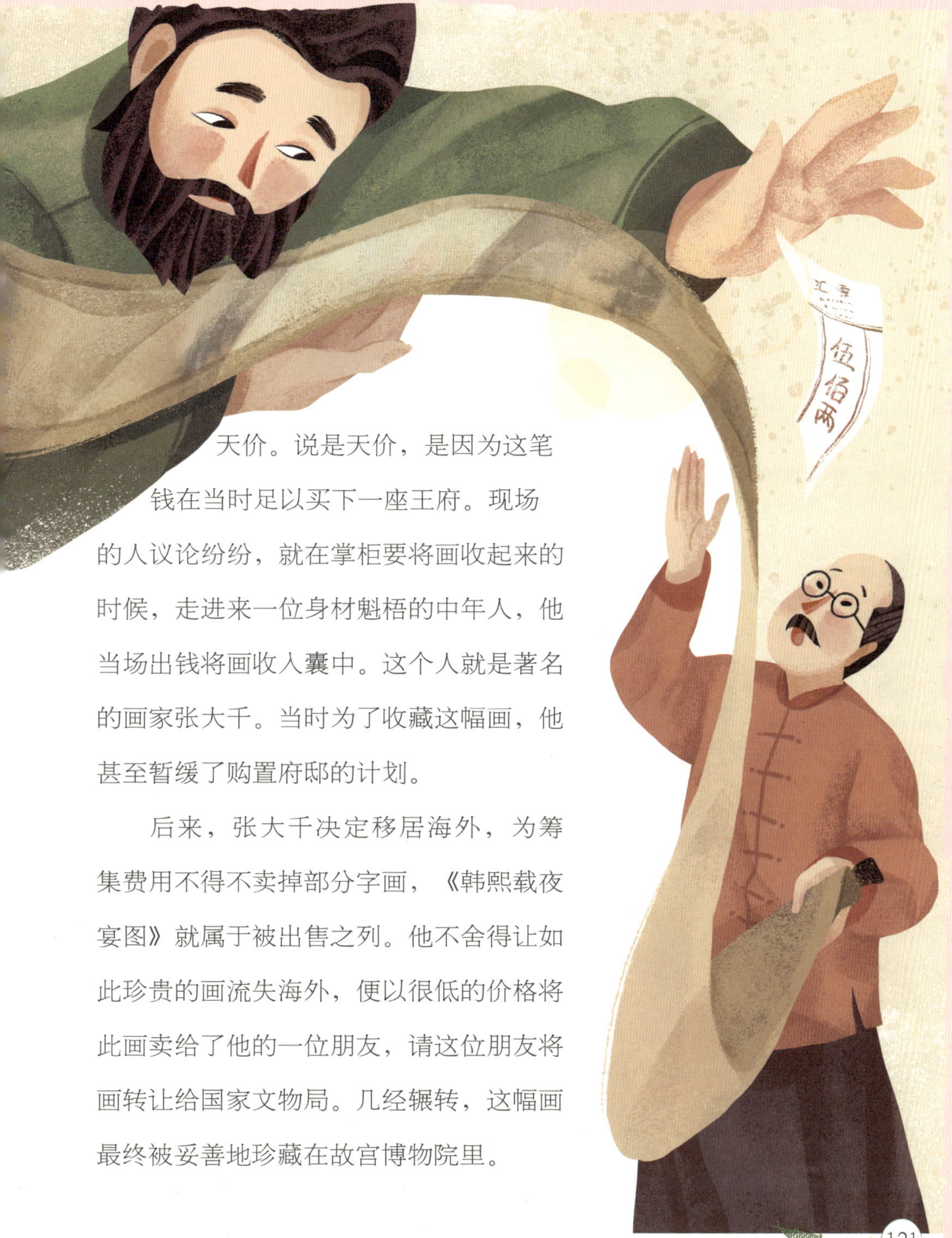

天价。说是天价，是因为这笔钱在当时足以买下一座王府。现场的人议论纷纷，就在掌柜要将画收起来的时候，走进来一位身材魁梧的中年人，他当场出钱将画收入囊中。这个人就是著名的画家张大千。当时为了收藏这幅画，他甚至暂缓了购置府邸的计划。

后来，张大千决定移居海外，为筹集费用不得不卖掉部分字画，《韩熙载夜宴图》就属于被出售之列。他不舍得让如此珍贵的画流失海外，便以很低的价格将此画卖给了他的一位朋友，请这位朋友将画转让给国家文物局。几经辗转，这幅画最终被妥善地珍藏在故宫博物院里。

《摹张萱＜虢国夫人游春图＞》

现居地

辽宁省博物馆

外形特征

展开是一张薄薄的绢，身体还可以卷成棒状

属性

绢

个性签名

我是最靓的高仿品

毛遂自荐

我就是《摹张萱<虢国夫人游春图>》，光听名字你就能知道，我临摹自唐朝张萱的《虢国夫人游春图》。我虽然生活在原画的光环下，但是也努力活出了自己的光彩，可以说，我是一件宋朝人临摹唐代“文物”的文物。

我出生于宋朝，画师用颜料在我的身上细腻地描绘了虢国夫人姐妹及其随从春游的场景。巧妙的是，画师并没有描绘任何春天的景色，仅仅画了一些人和马，人物的神情、头饰、衣着乃至马鞍都被刻画得十分逼真，从每个人或轻松或“傲娇”的表情上，你就能猜出他们当时所看到的景色有多么美丽了。

我是由宋朝的一位宫廷画师按着原作临摹而成的作品，后来因原作遗失，我变得格外珍贵。丝织品难以保存，宋朝流传至今的古画十分稀少，加上我被细腻绘制，高度还原了当时的大唐风情与虢国夫人的容貌，因此我成为一种独特的存在。我不仅有唐朝名画的光环加身，还有自身的价值和风采，是一件举世无双的国宝。

星汉灿烂

画中描绘的那个时代——盛唐，是许多国人都曾遥望的辉煌时期。但就像太阳底下的阴影一样，于辉煌处也暗藏了诸多隐患。

唐玄宗在位前期是个极富领导力的工作狂，任用贤臣，打击官场腐败，一步步将大唐打造成开放包容、富庶和平的强大帝国。当时，许多国家都与唐朝保持着友好的外交关系。长安城中居住着来自世界各国的百姓，当时最著名的学校——国子监，仅外国留学生就有四五千人。当时的人们追求时尚和有品质的生活，用壶身写有诗歌的酒壶喝酒，穿着彩色的薄丝绸缎缝制而成的衣服，偏爱用金银或者玻璃制成的闪闪发光的物件儿……

中年后的唐玄宗，逐渐丧失了工作热情，开始变得贪图享受，过着奢侈的生活。史书上曾记载，专门为唐玄宗的宠妃杨贵妃制作衣服的人就多达七百余人。杜牧的名句“一骑红尘妃子笑，无人知是荔枝来”淋漓尽致地向人们讲述了唐玄宗为了博杨贵妃一笑，派人从数千里外的南方运送荔枝的荒诞故事。后来，唐玄宗不仅任用奸臣，还纵容政治腐败，导致地方政府的权力过大。最终，安禄山等人发动叛乱，唐玄宗只能狼狈地逃出长安，唐朝逐渐走向衰败。

风流人物

画中的主角虢国夫人，正是杨贵妃的姐姐。虢国夫人同其妹妹一样，也是一位传奇女子。她们所属的杨氏家族，在唐玄宗时期显赫无双，甚至对唐玄宗晚期的政治格局和整个大唐的命运都产生了深远的影响。

杨氏家族十分显赫，几百年间，走出了许多杰出的人物，曹操的谋士杨修、隋朝的皇室、武则天的母亲都出自这个大家族。但是，到了虢国夫人杨氏这一支，杨家已经衰败了，她的父亲和叔叔都只是干杂活儿的小官。然而，随着杨玉环被册封为贵妃，杨氏家族的命运由此发生了根本性的转变。

杨家人因为杨贵妃得宠，一夜之间鸡犬升天。唐玄宗把对杨贵妃的宠爱扩大到了整个杨氏家族上。因为杨贵妃思念亲人，唐玄宗便将杨氏三姐妹迎入长安，赐予豪宅与钱财，并册封她们为韩国夫人、虢国夫人和秦国夫人。

基于唐玄宗的无限纵容与杨贵妃的庇护，以虢国夫人为代表的杨家人迅速成为各路官员巴结讨好的对象，他们过上了无比奢侈骄横的生活。他们会带着庞大的随从队伍出行游

玩，所经之处常掉落珠宝玉器，夜晚出行时点的蜡烛与火炬将天照得如白昼一般明亮。这幅出游图正是将春光明媚的一天，虢国夫人姐妹带领随从纵马踏春的场景永久记录了下来。

虢国夫人还仗着皇帝的宠爱，做一些仗势欺人的事情。她插手皇族的婚姻，收取大量金钱贿赂。史书上还记载，某年元宵节的晚上，虢国夫人的家奴用鞭子将公主打翻下马，并抽伤了驸马。事后，虢国夫人没有被责怪，反而是驸马被罢免官职，凄惨离世。

安史之乱后，唐玄宗竟然抛下长安城的百姓，只带着杨贵妃及杨家人逃亡到了马嵬坡，这一行径激起了护卫军强烈的不满。将士们要求处死杨家人，逼迫杨贵妃自杀。虢国夫人在得知哥哥杨国忠及妹妹杨贵妃已死的消息后，与子女等人仓皇地逃到一片竹林中，后被抓住，在监狱中凄惨死去。

余音绕梁

《虢国夫人游春图》原作遗失后，摹本画作在人世间度过了千年时光，向人们讲述着春景背后权力与欲望的故事。这期间，它辗转各地，还见证了中国最后一位皇帝的一段狼狈往事。

清朝，痴爱书画的乾隆皇帝将这件摹本画作收藏起来。末代皇帝溥仪退位后仍然住在紫禁城中，为了私利，他联合弟弟溥杰以赏赐之名，将大量轻便且价值连城的古书字画转移至宫外，其中就包括这幅摹本。

从此，该摹本随着溥仪东躲西藏，踏上了流浪之旅。直到1948年，包括这幅画在内的一批书画作品被拨交给当时的东北文物保管委员会，后来又被转交到了东北博物馆，也就是如今的辽宁省博物馆，这才结束了颠沛流离的命运。在这里，一批曾经共患难的清宫旧藏书画作品，如《簪花仕女图》《瑞鹤图》《洛神赋图》等，一起承担了新的使命：不仅要传承中国优秀的传统书画艺术，展现大国风采，还要作为见证者，时刻告诉中华儿女要自强不息，为中华民族伟大复兴而不断奋斗。

欢迎你来辽宁省博物馆一睹画作的芳容，同时品读这千年来的世事流转。

《清明上河图》

现居地

故宫博物院

外形特征

大致相当于一辆小汽车的长度

属性

绢

个性签名

天下第一长卷

毛遂自荐

我诞生于北宋时期，是中国十大传世名画之一，在中国乃至世界绘画史上都被奉为经典之作。后世有很多名家对我进行过临摹，现在就连摹本都价值连城，我作为真迹，更是无价之宝。那么，我究竟有何魅力，以至于被世人如此追捧呢？

这就要从我的特点说起了。我的第一个特点是画卷长：我足足有5米多长，被誉为“天下第一长卷”。我的第二个特点是描绘的内容多：我是世界绘画史上表现内容最多的画作，描绘了许多人物、牲畜、车船，还有众多河流、桥梁、城墙等。我的第三个特点是结构合理，繁而不乱：虽然我描绘的内容极多，但画中的每个细节都被安排得合情合理，甚至还表现出一定的戏剧性情节，引人入胜。我的第四个特点是笔法细腻：创作者对画中各种人物的神态、动作都进行了细致入微的刻画，很多人在欣赏我的时候都仿佛置身于画中一样。

我呈现的画面是北宋的都城汴京（今河南省开封市）清明节这一天的部分景象，因此世人称呼我为《清明上河图》。那时，汴京是世界上最繁荣的城市，清明上河是当地的风俗：在清明节这天，人们会聚集在汴河两岸举行活动，整个汴京城人山人

海，热闹繁华。

因此有专家说，我就像一张老照片，生动地记录了北宋都城汴京的城市面貌和市民生活，这就为后人研究北宋时期的商业、手工业等提供了宝贵的历史资料。

星汉灿烂

这幅画创作于北宋晚期。北宋是个“文艺范儿”十足的王朝，但在政治和军事上却是个积贫积弱的王朝，与他国的战事接连失利，多次求和。到了北宋晚期，这种局面更加严重，整个王朝社会矛盾突出，已是摇摇欲坠。

这样的时局让该画的创作者——张择端忧心忡忡，他迫切地想把自己所看到的汴京城内的诸多社会问题告诉宋徽宗。但他只是一位画院的画师，不能像朝堂政客一样直接向圣上进谏。怎么才能把这些社会问题反映给圣上呢？正当张择端一筹莫展之际，他突然得到了宋徽宗的召见。皇帝与他促膝交谈，畅谈他以往画作

的构思与技法。这次召见让张择端备受启发：自己本身擅长书法和绘画，宋徽宗又是有名的书画天子，虽然他对治理国家的兴趣一般，但一定会御览画院呈上去的画作，如此，何不利用自己宫廷画师的身

份，以画作的形式向圣上进谏，把这些社会问题展现在画作里呢？说不定，这能引起圣上的注意。

风流人物

张择端，北宋时期一位名不见经传的画家。关于他的生平记载，目前只见于卷后的一小段文字之中。从这段文字中人们得知，张择端自幼好学，早年游学来到汴京，曾经在街头以卖画为生，后来因为擅长画风俗题材被招录到宫廷画院任职。

话说，在张择端决定以画进谏后，他就想好了要通过描绘汴京城的景象来暗中表现当时存在的社会问题。但要想将偌大的汴京城完整地画出来，无异于痴人说梦。左思右想之后，张择端决定把清明节这天汴京城南的景象画出来。所以，某年的清明节，张择端开始出门写生、采风。他一早就从城郊沿着汴河走到汴京城内，一路上走走停停，仔细地观察着沿途的景象和人物，并手拿画笔在纸上记录下自己的所见所闻，生怕错过和遗漏任何一个细节。

一分耕耘一分收获，经过数载努力，张择端终于把自己在清明节写生、采风时看到的人物景象一一画进了画卷中。在画中，他也暗藏了自己的小心思。比如，他描画出城门大开、无兵值守的场面，以此来反映城防涣散、守备空虚的问题；通过画出大量的酒馆、酒肆，反映时下酒患成灾的问题。

当5米多长的画卷徐徐展现在宋徽宗和画师们的眼前时，在场的人无一不感到震撼，他们从来没有看到过如此巨幅的画作。当他们近距离欣赏时，大殿上的喧闹声、议论声消失殆尽。画师们或沉醉于张择端的巧妙构思，钦佩他能在一幅长卷中表现如此多的内容而丝毫不显凌乱；或痴迷于张择端笔法的细腻，敬佩他能如此细致入微地表现出画中的人物和景象。

面对眼前这样一幅汴京城“百科全书”式的画作，宋徽宗爱不释手，大加赞扬。他提起笔，在画的卷首用他标志性的瘦金体题写了“清明上河图”五个字，还加盖上他那枚特制的双龙小印。皇帝的盖章认证，无疑又给原本就有极高价值的画作赋予了荣誉，让它从此在中国画坛上有了一席之地。

但遗憾的是，宋徽宗这位书画天子只看到了画作表面上展现的恢宏气势和一派繁荣，并没有看出“盛世危图”里隐含的忧患，也未能理解张择端的良苦用心。后来，随着宋徽宗、宋钦宗父子被金人俘虏，北宋朝廷精心收藏的历代名人字画也成了金人的战利品。这幅画也就这样被掠走了，由此开始了曲折的流转经历。

余音绕梁

《清明上河图》自问世以来便是人们争相收藏的珍品，曾辗转飘零，数度易主。其间，竟4次被盗，流落民间，又5次重

返宫廷，可谓多灾多难。

它最早的收藏者是宋徽宗，后随宋徽宗一起被金人掠去。后来，金人张著在画作卷后写下记述创作者生平的跋文。从宋徽宗珍藏到流入张著手中，这中间的故事，人们就

不得而知了。元朝建立后，《清明上河图》重新被收入皇宫，后又被偷盗出皇宫，辗转多人手中。明清时期，它又多次被收入皇宫、流散民间。最终，《清明上河图》被上交给东北博物馆（今辽宁省博物馆），而后被调到故宫博物院珍藏。

作为中国古代第一风俗画长卷，《清明上河图》生动再现了北宋时期汴京城的面貌和百姓的生活。其表现的内容之丰富、情景之生动、意蕴之深厚，都创下中国古代画作之最。欢迎你来故宫博物院看它，跟随它一起穿越时空，一睹北宋汴京城的风光。

“玉壶冰”琴

现居地
天津博物馆

外形特征
长条形，身上有七根弦

属性
木

个性签名
七弦为益友，两耳是知音

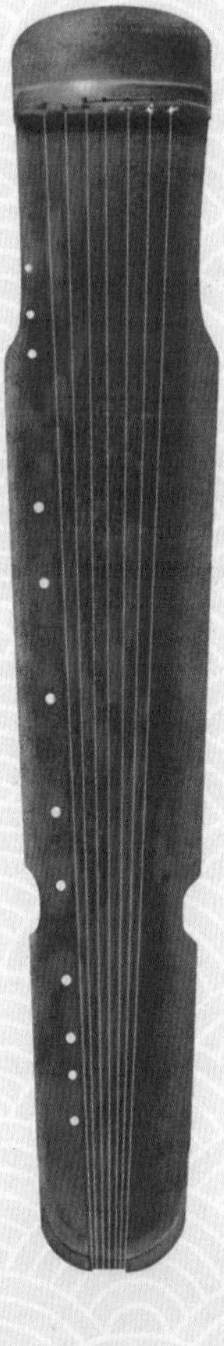

毛遂自荐

我诞生于宋朝，我的身世信息可全藏在我的肚子里。你可以在琴腹中找到我的名字——玉壶冰，是不是觉得这个名字很耳熟？没错，这个名字正是取自唐朝诗人王昌龄《芙蓉楼送辛渐》中的名句“一片冰心在玉壶”，也寓意弹琴者清正廉直、玉洁冰清的品性与节操，符合南宋社会所追求的文人气节。

“玉壶冰”的旁边还有“绍兴”二字和“金远制”的款印，这便是我的出生证明。绍兴，指的是宋高宗赵构的年号；金远，指的是绍兴初年著名的古琴制作大家，他所制作的古琴琴体轻薄，是南宋古琴的典型代表。

都说我们叫“古琴”，那你知道我们到底有多“古”吗？关于我们的传说，最早可以追溯到上古时期。相传，伏羲想要制作一种可以模仿出风吹树叶的沙沙声和流水的潺潺声的乐器。一开始，伏羲用凤凰梧桐木做了一架无弦琴，只有当风吹到琴面，或者当雨击打到琴面上时，才会产生好听的声音。伏羲十分苦恼，怎样才能随时随地听到好听的声音呢？后来，他无意间发现，当自己的头发打在琴面上时，也能发出动听的声音，于是他受此启发制作了五弦琴。

相传，到了周文王时期，周文王十分思念长子伯邑（yì）考，但五根弦的琴根本弹奏不出他的悲伤，于是他增加了一根琴弦。在周武王誓师伐纣的时候，六根弦的琴难以表达武王对商纣的愤怒，于是他又增加了一根弦，由此

七弦的形制便固定下来，“七弦琴”也成了我们这类琴的代称。

在古琴发展的悠久历史中，我所处的宋朝可是一座巍巍高峰……

星汉灿烂

宋朝的开国皇帝宋太祖赵匡胤是武将出身，他用“黄袍加身”的手段夺取了后周的天下。他也害怕手下的武将学他的样子起兵造反，所以通过“杯酒释兵权”，夺走了武将手中的权力。在治理国家方面，赵匡胤也采取了重用文官、贬低武官的策略，整个社会因此都崇尚文人风气。古琴作为文人必备的乐器，受到了上至帝王下至学士的推崇与偏爱。

靖康之变时，宋徽宗、宋钦宗被金国俘虏，宋徽宗的第九个儿子康王赵构因为被委派在河北，幸运地逃过一劫。于是，作为宋朝皇室最后的希望，赵构带着宋朝的贵族和大臣们到了南方的临安（今杭州）落脚，由此开启了中国历史上的南宋时期。

南宋虽然只有半壁山河，但大批南渡的北宋人士在富饶的江南地区找到了乐土。加上南宋奉行“以儒立国”，文人们所喜爱的古琴文化也在这个时期兴盛起来，许多著名的琴师会聚临安，形成了以临安为中心的“古琴文化圈”。

虽然人们对宋朝总有着积贫积弱的刻板印象，但事实上，宋朝可谓中国古代历史上科技进步最快的朝代之一。尤其是毕昇（shēng）发明的活字印刷术，推动了古琴琴谱的刊刻与传播。也正是因为琴谱的流传，人们才得以在现在了解到数千年前的古琴音乐。

风流人物

宋朝的历代帝王都十分喜欢琴，相传宋太祖赵匡胤在征战途中都不忘随身带琴。著名的“艺术家”皇帝宋徽宗，更是以举国之力搜罗南北名琴绝品。他还在皇宫里修建了一座万琴堂，专门用来珍藏这些名琴。宋高宗赵构别具创意地特制盾形琴送给大臣们，以提醒他们虽然偏居临安，但不能忘了武备，表达了复兴大宋王朝的决心和愿望。

赵构并非宋朝第一位想在古琴创新上做文章的皇帝。宋太宗赵光义不仅爱琴，还是个善于发明创造的“琴痴”。他在原本“金木水火土文武”的七弦琴的基础上，又增加了两根弦，改成了“君臣文武礼乐正民心”的九弦琴，甚至还找来乐师为九弦琴重新谱写了曲目。

宋太宗十分自得于九弦琴的创造，身旁的大臣也阿谀奉承，唯独一个人敢说实话，他就是琴待诏朱文济。朱文济认为，五弦琴就能演奏上古的音乐，后来的七弦琴更是足够弹奏，九弦琴根本就是画蛇添足。宋太宗知道后十分恼怒，想尽各种办法让朱文济臣服。他重重赏赐了一位愿意弹奏九弦琴的琴待诏，以此来羞辱朱文济。谁知道朱文济就是个硬骨头，根本不为所动，宋太宗气得要治罪于他，朱文济这才被迫拿起琴，但只用了其中的七弦完成了演奏。此时，宋太宗才意识到自己的可笑，打心底里佩服这位刚正不阿、敢说真话的琴师，最后还请了僧人元霭为朱文济画了一幅画像。宋太宗的九弦琴在宋朝灭亡以后，很快就消失殆尽，而朱文济的琴艺却传给了后人，在古琴的流传与演奏中生生不息。

余音绕梁

古琴在宋人的生活中是十分常见的，上至帝王将相，下至普通百姓，皆以古琴为好。尤其是宋朝文人，基本人手一张，心情欢快或郁闷时，都会拿出来拨弄一番，以抒发内心情绪。随着古琴使用者的增多，制琴工艺也在不断发展，造就了众多传世名琴，这张“玉壶冰”琴就是宋朝古琴的典型代表。从选材到造型再到涂漆，它的每一道工序都细致而讲究，因此成就了千年传唱。

在2008年北京奥运会开幕式的文艺演出中，传向世界的第一个声音，就是来自古琴的琴音。而早在1977年，美国发射的“旅行者2号”探测器上就放置了一张唱片，其中就收录有著名古琴曲《流水》，以代表中国音乐。这首曲子曾经是春秋战国时期著名琴师伯牙与钟子期结为知音好友的契机，如今带着探索宇宙的使命，到茫茫宇宙中去寻找新的“知音”。

《缂丝莲塘乳鸭图》

现居地

上海博物馆

外形特征

差不多是乒乓球桌一半的大小

属性

丝

个性签名

缂丝上的南宋
夏日图景

毛遂自荐

欢迎来到南宋的夏日！你看，画面中，有一对鸭子正在池塘中畅游，除了这对公认的“模范夫妻”外，池塘中还生活着其他佳偶，就连花卉虫鸟也都是成双成对出现的。咦？也不完全是，画面上方的翠鸟和燕子就落了单。其实，那是因为在我数百年的流传过程中，出于保护的需要，人们对我进行过多次装裱，每次装裱时都需要将四边和残破的部分裁去一些。慢慢地，处在边缘位置的它们就“失去”了伴侣。不过，这并不影响我最初的美好寓意：夫妻恩爱、多子多福。

凑近看你还会发现，动物身上的羽毛等细节都清晰可见，但这些并不是画家画出来的，而是通过一种叫作缂丝的工艺制作而成的。一般的缂丝作品因为工艺复杂，尺寸都不会太大，因此有着“一寸缂丝一寸金”的说法。不过，作为稀世珍宝的我可有着1米见方的“巨幅”尺寸，如果你有机会一睹我的真容，就会发现画面中的鸭子，可是和现实生活中的鸭子基本一样大。

更令人称奇的是，这是一件写实作品，画中出现的荷花、白莲、木芙蓉、芦苇等所有植物都经得起植物学家的考证：它们都是水生或沼生植物，喜欢温暖、潮湿的环境，花期也相互重合，画面所描绘的场景确实可能会出现，应该是6月底至7月初的景色。不妨回忆一下，每年这个季节你在公园里看到的荷塘景色，是否也如这般呢？

那么问题来了：为什么缂丝工艺能达到如此写实逼真、栩栩如生的效果呢？

星汉灿烂

最早的时候，缂丝只用于小面积的装饰，如在装裱书画的时候，把缂丝制品包裹在卷轴的最外层。到了宋朝，随着技术的发展及朱克柔等缂丝大师的出现，缂丝上升到了艺术的高度。

缂丝在创作形式上受到了一种叫没（mò）骨法的绘画技法的影响。什么叫作没骨呢？人们在绘画的时候，是不是要先画一个轮廓，再往里填色？轮廓就叫作“骨”。那又是怎么个“没”法呢？人们用几乎看不见的、极淡的颜色代替墨线，随后用层层晕染的颜色覆盖线条，由此称为没骨法。缂丝吸收了没骨法自然逼真的优点，但相比于没骨法，缂丝似乎在技艺上更胜一筹。因为缂丝不打轮廓，直接用彩色丝线制作出造型。填色的部分则根据需要，使用不

同的丝线以产生颜色的变换，从而提升图案的立体感和自然晕染的效果，工艺可谓十分复杂。

缂丝大师朱克柔并没有在正史中留下名字，甚至连她的生卒年月，史书都只字未提，人们只能从她留下的作品中一窥究竟。

风流人物

朱克柔本名朱刚，克柔是她的字。“刚”“克柔”，细细想来十分有意思，就像是“以柔克刚”的反面，又像是对“刚柔”互动关系的解释。总之，刚毅和温柔集中体现在同一个人身上，就好像她性格中坚韧与细腻的结合。

朱克柔大约生活在南宋高宗时期，身处经济繁荣的江浙腹地，从小便接受艺术的熏陶。她出身于江南丝织的大户人家，可谓是大家闺秀，其家中有专人养蚕、缫丝，也有专人提取染料，这都为她缂织作品营造了良好的环境。当然，要完成巨幅的《缂丝莲塘乳鸭图》，除了有物质保障外，最重要的还是朱克柔的才华，她将传统的缂丝进行改良，并用自己的姓将其命名为“朱缂”。

朱克柔的独门技艺，要数“长短戗（qiāng）缂”和“合花线”，这可以说是她的“专利”了。“长短戗缂”指的是利用丝线的长短变化，在由浅至深的晕染中达到自然晕色的效果。这种技法无规律可循，只能依靠缂织者的缂织经验和对丝线的掌控。而所谓“合花线”，则是指用两根不同颜色的纱合成一股线，如将蓝色和白色的纱捻在一起，合为一股蓝白花线，放入一个梭子中。在编织的过程中，两根纱绞为一体，使颜色看起来忽白忽蓝，从而产生立体的效果。

即便身怀绝技，要完成这一巨幅作品也绝非易事。据推算，朱克柔花费了8年的时间才完成作品。青春易逝，年华易老，是怎样的信念支撑着她完成一代大作呢？

余音绕梁

除了上海博物馆收藏的这件《缂丝莲塘乳鸭图》外，目前存世的朱克柔的缂丝作品还有6件，且都是清宫的旧藏。也就是说，这6件作品很早前就进入了皇家的收藏库之中，而唯独这件《缂丝莲塘乳鸭图》是由收藏家庞莱臣的后人捐赠的，目前也找不到直接的证据证明这件作品曾经被皇室收藏过。那为什么如此奢华珍贵的作品会流落民间呢？

这可能与两宋之交的战乱有关。相传，宋徽宗酷爱奇花异石，曾专门设立杭州造作局、苏州应奉局，以便在江南进行搜集。后来发生了靖康之变，徽、钦二帝被俘，未及进贡的太湖石便留在了苏州留园、上海豫园等地。朱克柔恰恰就生活在南北宋之交，当时国家发生变故，导致原本作为贡品的《缂丝莲塘乳鸭图》未能进献，这个推测很可能是成立的。

关于这幅作品及其制作者朱克柔，还有着更多的未解之谜等待着人们去发现，欢迎你到上海博物馆，亲自去探索一番。

定窑白釉孩儿枕

现居地

故宫博物院

外形特征

比今天常见的单人枕头略短、略窄

属性

瓷

个性签名

我是瓷娃，也是福娃

毛遂自荐

说起枕头，大家都再熟悉不过了。据说，人的一生当中至少有三分之一的时间是由枕头陪伴度过的，足以看出枕头的重要性。现代人一般会用松软的麸（fū）皮或其他一些舒适的材料来填充枕头，而我却是一件硬邦邦的瓷枕。我的主体造型是一个胖娃娃。你可能会感到疑惑：又冷又硬的瓷枕枕起来能舒服吗？而且为什么要把瓷枕做成小孩子的模样呢？

我的名字叫定窑白釉孩儿枕，定窑说的是我的产地，孩儿枕说的是我的造型。我看起来是一个白白胖胖的娃娃造型，娃娃双臂抱拢，右手在下、左手在上，头枕在手臂上并转向左侧。双眼炯炯有神，似乎正抬着头天真无邪地看着你。我的头顶两侧有两撮头发。我还跷着小脚丫，双腿交叠在一起，非常俏皮。

我的制作者以独特的造型和雕刻手法把孩童的天真烂漫表现得惟妙惟肖，其中也蕴含着不少有价值的

信息。比如：专家认为胖嘟嘟的小孩身上穿的衣服，是研究宋朝服饰不可多得的史料。

我虽然是一件源于民间生活、长相略萌的日用品，可我确实是一件地地道道的“贡瓷”，就是向皇家进贡的瓷器。在我生活的年代，我凭借上乘的质量、洁白温润的色泽、巧妙的构思，成为当时瓷枕中的佼佼者，而现在的我又成为一件价值连城的国宝。

你可能也想知道，我作为小小的枕头，为何能称得上国宝呢？你且听我说……

星汉灿烂

定州花瓷瓯，颜色天下白

宋朝是一个文人的时代，这一时期的文化达到了中国历史上的巅峰，理学、文学、史学、艺术及科学技术领域硕果累累。以瓷器为代表的手工业也发展飞速，出现了汝窑、哥窑、官窑、钧窑、定窑五大名窑，以及诸如耀州窑、龙泉窑、建窑等窑口，各种制瓷技艺蓬勃发展，形成了丰富多彩、百花齐放的局面。其中，定窑生产的瓷器以白瓷为主，有着“定州花瓷瓯，颜色天下白”的美誉。这么说吧，定窑白瓷就是当时白瓷的标准。

定窑位于今天的河北省曲阳县，这个地方在宋朝时期属于定州，定窑因而得名。定窑生产的部分白瓷是当时向朝廷进贡的御用瓷器，后期采用的烧制工艺是一项划时代的技术创新，大大提高了烧制效率。

以烧制碗来举例说明：在装窑烧制时，碗是倒扣过来的，一只碗上面再扣一只碗，这样一次就可以烧制一摞碗。但这也会出现一个问题，那就是由于扣在支架上，碗的口沿部分就没有釉了，从而形成“芒口”，有芒口的碗放到嘴边，用起来不舒服。于是，人们想办法给它镶了一个扣，以解决碗的芒口扎嘴的问题，因此有了“金扣”“银扣”和“铜扣”。可见，芒口也是定窑重要的标志。

后来，朝廷因为定窑所在地定州临近宋金战争前线，而且定窑生产的瓷器有芒口，用起来不是很方便，便放弃了定窑产品，开始命令汝窑烧制青瓷。

玉枕纱厨，半夜凉初透

枕头的历史由来已久。早在史前时期，人们偶然发现，把石头或草捆放在头下睡觉，会睡得更加香甜安稳，于是石头和草捆成了历史上最古老的枕头。瓷枕最早出现在唐朝，那时的瓷枕小巧玲珑，多为长方形，四角圆润柔和。到了宋朝，瓷枕的烧制进入了黄金时代，椭圆形、八角形等各种样式的瓷枕层出不穷。

当时的人们为什么如此钟情于瓷枕呢？这是因为瓷枕用起来清凉沁肤、爽身怡神，尤其适合在炎热的夏季使用。一枕上，整个人都觉得凉快起来了呢！在炎炎夏日里，上至达官贵人，下至平民百姓，无不以此为消夏良品。宋朝女词人李清照在《醉花阴》里写到的“玉枕纱厨，半夜凉初透”，说的就是瓷枕。

谁家的胖娃娃？

宋朝的瓷枕样式丰富，颇受人们喜爱，其中孩儿枕是最受欢迎的一款。当然，给皇室的贡瓷肯定是市面上质量最佳的，当时以定窑烧制的最好。

自古以来，孩童被认为是吉祥幸福的象征，能降福驱灾。而胖娃娃的造型自然也包含着多子多福的美好愿景。也不知道我的原型是谁家的胖娃娃，或许只是人们心目中期盼、脑海中想象的样子吧！

风流人物

定窑白釉孩儿枕在宋朝时颇受欢迎，在民间流传着这样一个关于孩儿枕的故事。

据说，在北宋的时候，定州一带有一对烧制瓷器的夫妻，他们非常恩爱。在日常的劳作中，丈夫负责焙土、烧制，妻子则擅长描摹、画样，两个人配合得很是默契，日子过得其乐融融。然而，这对夫妻结婚多年一直没有孩子，两个人因此十分着急。于是，他们便按照当地的风俗习惯，到附近的送子娘娘庙上香，请回家一个泥娃娃，并虔诚地供奉在家中，满心期盼送

子娘娘能够早日给他们带来一个胖娃娃。

然而，时间过去了一年，夫妻二人依然没有孩子，妻子越发焦急。一天晚上，她对着泥娃娃祈祷，不知不觉间眼泪便流了下来。丈夫看着妻子泪眼婆娑的样子，既心疼又难受，觉得这个泥娃娃也没什么用，于是把气撒在了泥娃娃身上，竟抬手将它摔了个粉碎。这一摔，妻子哭得更伤心了，丈夫又连忙安慰自己的妻子。闹完这么一出，两人也都累了，很快进入了梦乡。睡梦中，妻子的眼前突然出现了一个活泼可爱的孩子，看起来聪明伶俐，头上扎着两个小髻角，欢快地在她的面前奔跑，还一个劲儿地喊她母亲。

妻子醒来之后，觉得梦中的孩子非常可爱，便按照梦中孩子的形象描摹出了一个瓷枕头。丈夫看见妻子这么喜爱，便烧制了这个孩儿枕。烧制好后，妻子爱不释手，每天晚上睡觉都枕着它。说来也怪，不出半年，她竟然怀孕了。夫妻二人很是欢喜，对这个孩儿枕更加珍惜，甚至细心地将其供奉起来，觉得它就是送子娘娘的化身，每到吃饭的时候都会给孩儿枕安排碗筷，逢年过节还要为它摆上美味的水果糕点。这件事很快一传十、十传百，其他百姓纷纷效仿。一时间，孩儿枕受到众人的追捧，流行开来。

究竟是谁制作了这件孩儿枕，已无从考证。但毋庸置疑的是，它来自定州，是一件洁白、温润的精美之器，颇受人们喜爱。后来，它被送进了皇宫，成了皇室用品。

余音绕梁

作为一件国之瑰宝，定窑白釉孩儿枕不仅在宋朝风靡一时，成为当时“时尚界”的宠儿，而且在后来的历朝历代，都能引人瞩目。

大名鼎鼎的乾隆皇帝是一位资深的收藏家，对收藏古代瓷枕情有独钟，在皇宫收藏的众多瓷枕中，他对这件定窑白釉孩儿枕尤其喜爱，隔三岔五就会将它拿出来欣赏、品玩。当然，乾隆皇帝偶尔也会枕着它入睡，不知他会做一个什么样的梦呢？他有一首名为《瓷枕》的诗，为人们描绘了枕着瓷枕入眠的美好感受：“瓷枕通灵气，全胜

宋朝六大窑系

宋朝是我国制瓷业全面发展的时期，无论是规模、技术还是产品的精美程度，都达到了瓷器发展史上的高峰。全国各地出现了很多窑场，逐渐形成了以一些名窑为中心的“窑系”。当时的定窑、钧窑、磁州窑、耀州窑、龙泉窑和景德镇窑最为著名，因此被后人合称为“宋朝六大窑系”。

玳（dài）与珊。眠云浑不觉，梦蝶更应安。”

定窑白釉孩儿枕的故事讲完了，如果你也对这个白白胖胖的瓷娃娃感兴趣，欢迎来故宫博物院，它在这里等着你。

铜坐龙

现居地
黑龙江省博物馆

外形特征
手掌般大小，龙呈坐着的姿势

属性
铜

个性签名
被传说和故事包裹着的
民族图腾

毛遂自荐

说起龙，你肯定不陌生。在中国历代的器物装饰上，常能见到龙的形象：它们有的在御风飞行；有的呈盘曲状，头向外、身内卷。但像我这样蹲坐着的，并不多见。据说，坐着的龙起源于我所生活的时代——金，就是那个灭了北宋，与南宋并存的金朝。

为什么会在传统的盘龙、卧龙、旋龙、腾龙四大样式之外出现坐龙呢？有一种说法是，狗是金人的生活中必不可少的动物，因为金人是典型的渔猎民族，日常的生活、打猎都离不开狗，它们既是人们狩猎时的好帮手，也是看家护院的忠仆。因此，金人将狗的形象运用于象征皇权的龙形之中，以表达狗在他们心中的至高地位，于是就有了坐龙的形态。这一文化传统也延续了下来，在后来满族人所创建的清朝，坐龙更为常见，宫廷建筑的屋檐及华表上，随处都能见到坐龙。

你看我，头部微微上扬，半张着嘴、微眯着眼，一副睥睨天下的模样。我的鼻子很像人的鼻子，鼻孔还朝上，颇有点儿骄傲的感觉。这份骄傲是我与生俱来的气质，毕竟在中国古代社会，我们龙族是非常尊贵的。

我有一个特别的地方，注意看我的嘴巴，是不是与你常见的龙有点儿不同？一般龙的嘴巴是鳄鱼嘴形的，而我的嘴巴则是拉直的鹰嘴形。鹰嘴本应是弯钩状，但金人觉得钩状的嘴从视觉上看与龙身不相称，于是大胆地将鹰嘴拉直，使其成为一个三角形。有专家认为，金人用变形的鹰嘴作为铜坐龙的嘴，这与他们崇尚海东青有着密不可分的联系。海东青是一种能捕捉天鹅的猎鹰，是金人英勇、顽强和智慧的象征。另外，我的嘴里有上下两对如同猛虎牙齿一样锋利的牙齿，这让我看起来凶悍无比。据考证，我的口中原本还衔有一枚铜珠，但出土时就已经不见了。

星汉灿烂

北宋末年，活跃于今天中国东北地区的女真族，建立了威震一时的金朝。建立不久后，金朝就迎来了它在中国历史上的高光时刻，它先是灭了临近的辽，之后又一举灭了北宋。

当时北宋正值历史上著名的宋徽宗统治时期。宋徽宗是有名的“文艺”皇帝，诗、书、画样样精通，唯独皇帝做不好。金军兵临城下，北宋都城汴京眼看着要被攻下，宋徽宗慌忙将皇位传给儿子宋钦宗，并向金朝赔偿大量金银和城池。宋徽宗天真地以为：大家都说我不适合当皇帝，那我不当了，退位就是了。金军大老远地从黑龙江打到河南，不就是想要土地和财富嘛，给他们就是了。可是历史的发展远没有想象得这么简单，他低估了金朝的野心。

第二年金军卷土重来，这一次攻陷了汴京城，北宋灭亡，原本养尊处优的皇亲贵族从此过上了“阶下囚”的生活。

而逃过一劫的康王赵构偏安于长江以南的临安，也就是今天的杭州，宋朝由此进入了第二个时期，史称南宋。人们所熟知的岳飞就是南宋的将领，也是著名的抗金英雄。此后，宋金之间还进行

了多次战争，但谁也灭不了谁，于是进入宋金对峙阶段。这一时期的金朝可以说是发展到了鼎盛阶段，不仅迫使南宋称臣，而且让西夏等国也都臣服于自己。铜坐龙就见证了金朝的兴盛。

风流人物

铜坐龙出土于哈尔滨市阿城区，别看现在这个地方不大，历史上它曾经是金朝最早的都城——上京。金人在这里改造工具、创立文字，实现了从渔猎农耕生活到都城生活的转变。数十年的时间里，这里成为东北地区最为繁华的城市。

但是金朝的第四任皇帝完颜亮在位时，却下令迁都燕京，也就是今天的北京，并且要求把上京能搬走的东西都搬走，不能搬走的也夷平、销毁。这又是为什么呢？这要说到完颜亮的两大特点。其一，完颜亮极为推崇汉文化，他平常交往的都是来自辽、宋的汉人，他不甘心首都位于东北一隅，所以力主迁都中原；其二，他夺得皇位的手段不光彩，可以说是篡夺了哥哥的皇位，他心里总觉得上京处处留着金熙宗的痕迹，害怕哥哥的旧部及皇族睹物思人，终有一天也会夺了他的皇位。于是，他希望通过迁都分化贵族势力，巩固自己的统治地位。

但迁都不比搬家，这可是一件非常耗费人力、物力的事情。果然，完颜亮一表露自己的迁都意向，立即遭到贵族们的强烈反对。但完颜亮决心已定，他一方面以都城“僻在一隅”为由争取朝臣的支持，另一方面对新都燕京进行扩建，终于让贵族们离开了东北，加速了与汉人的融合。

迁都后，原都城的旧宫殿、宗庙、宅第等通通都被毁掉了，没有留下任何

痕迹，而这件铜坐龙则被永远地留在了上京。

有专家认为，它可能是皇帝车上的装饰物，也有专家认为它应该是宫殿建筑上的一种装饰。无论如何，它是皇权的象征之物，诞生于金朝国运不断走向鼎盛的时期。

余音绕梁

关于铜坐龙是如何被发现的，其实还有一个有趣的小故事。1965年深秋的一天，哈尔滨市阿城区的一位农民在自家后院挖菜窖时发现了它，然后随手将其扔在了窗台上。从这时起，他家里就开始发生一些奇怪的事情：每当遇到刮风天气，屋里就能听到“呜呜呜”的

金朝都城

金朝初期有上京（今哈尔滨市阿城区）、东京（今辽宁省辽阳市）、西京（今山西省大同市）、南京（今河南省开封市）和北京（今内蒙古宁城县内）5个都城。在完颜亮迁都燕京以后，燕京为中都，东京、西京、南京和北京保持不变。1173年，上京又恢复称号，后由金世宗复建上京城。

声音，尤其到了夜里这个声音更是吓人。这家人非常害怕，心里猜想，是不是龙的主人来寻仇了？于是，他们赶紧将这件铜坐龙上交给了国家，请专家对其进行细致的研究。

专家研究后发现，这件铜坐龙会随风发出响声的原因其实并不玄妙，因为龙口是微微张开的，里面又是空心的，风一吹，自然就会发出响声，也就是所谓的响铜。而更有价值

的发现在于，专家推断这件铜坐龙曾是金朝的皇家御用之物。这主要有两方面依据：一是它出土的地方正是金朝都城的所在地；二是虽然它的主体是经典的龙形，但在尾部暴露出了一个关键的身份信息：尾巴很小，专家称之为“断尾”，这种独特的设计只出现在金朝的铜坐龙身上。至此，围绕这件铜坐龙的迷雾开始被慢慢驱散……

这些就是关于铜坐龙的故事。今天，当人们凝望这件铜坐龙时，仿佛能够回到那段风云激荡的岁月，以及民族融合与碰撞的种种往事中。欢迎你到黑龙江省博物馆来看这件铜坐龙。

鎏金铜牛

现居地
宁夏回族自治区博物馆

外形特征
与真实的卧着的小牛大小相当

属性
铜鎏金

个性签名
“东方金字塔”了解一下

毛遂自荐

我的外表看起来是一头卧着的铜牛，有力的四肢呈跪伏状，微微昂起的牛头在静静眺望着远方，仿佛是劳作后在休息。我虽然看起来体形健壮，但其实内部是空心的。铜的表面有一层鎏金，让我看起来全身散发着柔和的金光。

你看我这个大块头儿——长1.2米、高0.45米、重188千克，就能猜到铸造我可不是一件容易的事情了。不瞒你说，铸造我所耗费的人力、物力都相当巨大，采用的也是当时最先进的工艺，这才使我看起来眉眼清晰，惟妙惟肖。

单是我威严独特的气质，就足以让我成为一件国宝了。此外，我还有一个加分项，那就是我出土的地点是有着“东方金字塔”之称的西夏王陵，这一点更让人对我的身世充满了遐想。接下来，就跟我一起回到充满神秘色彩的王朝——西夏去看一看吧！

星汉灿烂

按照中国的惯例，统一天下的王朝会为前一个王朝修史，但奇怪的是，元朝的统治者给宋、辽、金修了史，却没有给西夏这个存在了近两百年的王朝修史，只是在一些史书中草草地一笔带过。专家们推测，有关西夏的文献档案极有可能是在与蒙古的战争中被毁灭了，这才导致关于西夏的记载少之又少。随着时间的推移，人们对于西夏的记忆逐渐模糊，西夏也因此渐渐地被蒙上了一层神秘的面纱。

直到清朝，一位名叫张澍（shù）的学者在游览凉州大云寺时发现了一个用砖块砌封起来的“古

亭”。当地流传着一种说法，凡是打开封砖的人都会遭报应。所以几百年来，没有人知道这个古亭里面到底藏着什么。

张澍偏不信邪，坚持要打开封砖一探究竟，只见一块高大的黑色石碑逐渐显露出来。石碑的一面刻着汉字；另一面所刻的文字乍看上去好像全都是汉字，细看却一个也不认识。

在有汉字的那一面，有一行字格外醒目：“天佑民安五年岁次甲戌十五日戊子建”。“天佑民安”正是西夏年号，石碑上刻的奇怪文字就是西夏文字。这块石碑的发现让这个曾辉煌一时而又被

历史遗忘的王朝——西夏，渐渐在世人的面前变得清晰起来。

西夏人的祖先最早居住在今青藏高原一带，隋朝的时候，他们开始向中原迁徙，甚至还可以在中原王朝担任官职。到了唐朝，他们与皇室的交流就更加紧密了，甚至被赐予了唐皇室的“李”姓。到了宋朝时期，随着野心不断扩张，西夏一度形成割据一方的势力，并与宋、辽成鼎立之势。这个时期虽然战争不断，却是西夏国运强盛的时期，而鎏金铜牛就是西夏王朝大放异彩的最佳见证。

风流人物

出土鎏金铜牛的西夏王陵是西夏历代帝王的陵寝。这片陵区除了极个别的陵墓外，绝大多数陵墓主人的身份还无法得到最终的确认，其中也包括出土鎏金铜牛的177号墓。这是一座陪葬墓，据推断可能是西夏贵族或重臣的墓穴。

在整个西夏历史上，有一个人的名字不得不提，那就是西夏开国皇帝元昊。因为他的先祖平乱有功，被唐朝赐姓“李”，所以他也被称为李元昊。史书记载，李元昊的眼睛炯炯有神，高耸的鹰钩鼻让他看起来凛然不可侵犯，他在年龄很小的时候就展现出了过人的胆识。

李元昊的父亲执政时，采取与宋朝和睦相处的政策，常年和宋朝进行友好的贸易往来。有一次，李元昊的父亲派遣使节到宋朝的地界上去，命其用马匹换取一些物品。但这个使节可能没摸准李元昊父亲的喜好，换回来的物品并不合他的心意。李元昊的父亲越看越气，一怒之下竟然将使节斩首。见到这个情景，李元昊对父亲说："我们行军打仗的人，本来就不应该拿马匹这种必需物资去进行交易；换完也就算了，您还把使节杀掉了，以后还有谁肯为我们效忠呢？"李元昊的父亲听到这番话，非但没有生气，反而很开心，觉得这个儿子很有见地，以后必成大器，所以越发重视李元昊，悉心培养他。

李元昊不负众望，文韬武略都用心学习。他喜欢读兵书，对当时流行的兵书掌握得都很透彻。而且他颇具文才，精通汉、藏文字，是一位帝王之材。在对外战争中，他带领西夏取得了一次又一次的胜利；在对内治理上，也采取了一系列措施让西夏快速崛起。在处理与宋、辽关系上，李元昊的做法可谓进退有度。

他建国称帝后做的第一件事情，就是以臣子的身份，给宋朝的皇帝写了一封信，主要是陈述他建国的合法性，并希望宋朝正式承认他的皇帝称号。宋朝当然十分不乐意，东北的辽国已经够让人头大的了，这西北又来个西夏国，那怎么能行呢？而且在宋朝皇帝看来，大宋和西北地区的关系很好，经济贸易也正常开展着，怎么突然就要求平起平坐了呢？这简直是大逆不道啊！

愤怒的宋朝皇帝当即下诏书，停止两地的贸易往来，而且在边境

地区张贴榜文，悬赏捉拿李元昊。李元昊是一个很硬气的人，看到宋朝的这番举动，立即公开表示断绝同宋朝的使节往来，还向宋朝送去一封带有侮辱性质的书信，指责宋朝背信弃义，说这就是要挑起战争。事已至此，宋朝与西夏的这一战是不可避免的了。

随后，李元昊向宋朝发动了多次进攻，较大规模的就有三次，都以李元昊大获全胜告终。但战争终究对两方都是损耗，后来宋与西夏经过不断讨价还价，终于达成了停战协议。李元昊以“西夏主”的名义向宋称臣，两国也恢复了贸易往来。至此，宋、辽、西夏三分天下的格局形成了。

西夏从一个边陲小国发展成为雄踞一方的政权，在中国历史上留下了属于自己的篇章。可惜好景不长，西夏最终被成吉思汗率领的蒙古大军所灭。西夏被灭国后，其多年的老对手宋朝也被蒙古大军所灭。

余音绕梁

与鎏金铜牛同时出土的还有一件石马，石马体形更大、更重一些，是用一整块白砂石雕刻而成的，形象真实又质朴。铜牛、石马是在同一陪葬墓的甬道内被发现的，但马头冲外，牛头冲内，方向完全相反。专家推测，马是西夏人征战中不可缺少的同伴，而勤劳善良、忍辱负重的牛是农耕生活的象征，这体现了西夏人“马出则征战，牛入则耕作”的社会风尚，也是他们游牧和农耕密切结合的见证。

令人遗憾的是，西夏王陵在历史上被多次疯狂盗掘，很多国宝流失海外。鎏金铜牛所在的墓室也被盗掘过，当时一直未有出土重要的文物。后来，考古队对其进行发掘时，本来已经不抱希望，突然有人被墓室里一个突出的物件绊了一跤，回头一看，有个金灿灿的东西露了出来，原来是两只牛犄角从墓室坍塌的甬道中暴露了出来。经过一番细心发掘，这件幸存下来的鎏金铜牛，再一次走入人们的视野，弥足珍贵。

欢迎你走进宁夏回族自治区博物馆，亲自感受神秘西夏国的气质与风采。